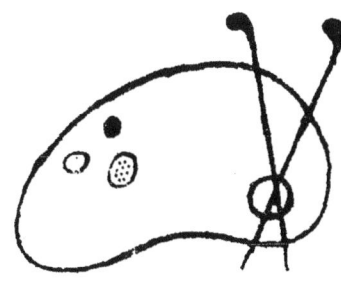

Début d'une série de documents en couleur

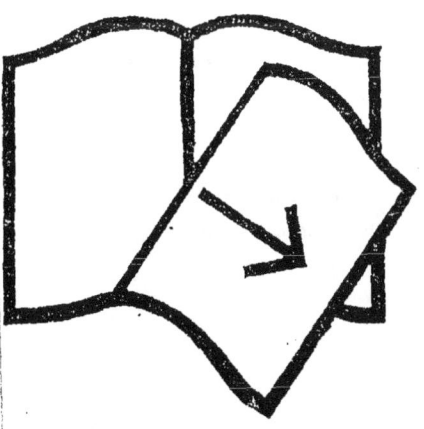

Couverture inférieure manquante

RECHERCHES HISTORIQUES SUR LE MOYEN-AGE EN POITOU

L'ANCIENNE FAMILLE
DE LUSIGNAN

LES PREMIERS SIRES DE CE NOM
LES COMTES DE LA MARCHE
GEOFFROY LA GRAND'DENT (Documents nouveaux)

Les Rois de Jérusalem et de Chypre

PAR

Charles FARCINET

Ancien Chef du Personnel Administratif au Ministère de l'Intérieur
Officier de la Légion d'Honneur et de l'Instruction Publique
Correspondant de la Société Nationale des Antiquaires de France

2ᵉ ÉDITION

FONTENAY-LE-COMTE
à la Revue du Bas-Poitou
Place Thiverçay

VANNES
Imprimerie Lafolye
2, place des Lices

1899

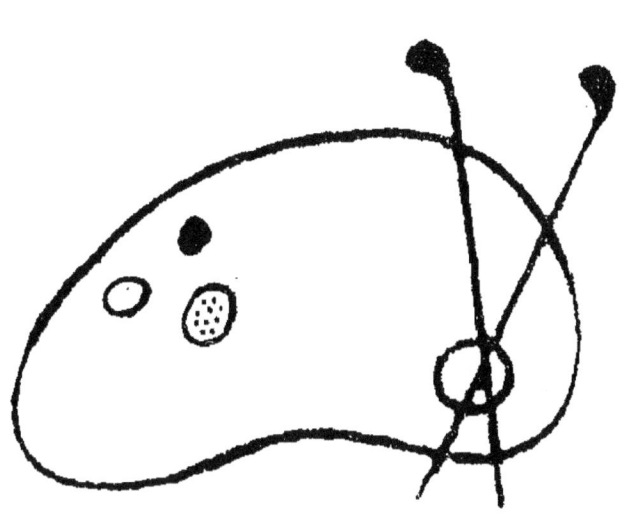

Fin d'une série de documents en couleur

L'ANCIENNE FAMILLE DE LUSIGNAN

NOTES DE NUMISMATIQUE
de M. Charles FARCINET
SUR QUELQUES COLLECTIONS POITEVINES
de monnaies Grecques, Romaines, Mérovingiennes et Féodales
publiées par *l'Annuaire de la Société Française de Numismatique et la Revue du Bas-Poitou*.

Etude sur les Monnaies de l'époque Mérovingienne, *attribuées à la Vendée et à la région Poitevine*.

Les Monnaies Féodales du Poitou.

Les belles Monnaies de l'ancienne Grèce.

Une Collection des douze Césars, *description et souvenirs*.

Les Neuf Muses *sur les deniers Consulaires de la République Romaine*.

Les identifications géographiques des Monnaies Mérovingiennes et le Catalogue de la Bibliothèque Nationale.

Les Monnaies des Empereurs Gallo-Romains au III⁰ siècle.

Note sur un *tiers de sou d'or* Mérovingien (BASNIACO, trouvé en Vendée (exemplaire unique, *donné par l'auteur à la Bibliothèque Nationale*).

Note sur l'authenticité de deux médaillons romains et des Médailles antiques en général.

Savary de Mauléon, Sénéchal des Rois d'Angleterre en Poitou.

Quelques pièces des Doges de Venise.

Un spécimen de médaillier.

La valeur actuelle de certaines monnaies anciennes.

DU MÊME AUTEUR :

L'Ancienne Famille de Lusignan (les premiers Sires de ce nom, — les Comtes de la Marche, — Geoffroy la Grand'Dent (*documents nouveaux*) — les Rois de Jérusalem et de Chypre, — *Étude historique et généalogique*[1].

Classification des fonctions administratives — Nominations et attributions revue rétrospective (dans la *Revue d'Administration*, Paris et Nancy, 1879, Berger-Levrault, éditeur).

Alfred Giraud, ancien Magistrat, Député de la Vendée à l'Assemblée Nationale, notice biographique.

Note sur les Médailles d'honneur décernées par le Ministre de l'Intérieur, pour actes de dévouement.

---

[1] Bulletins de la Société Nationale des Antiquaires de France, 6 Mars et 24 Avril 1895, (p. 115 et 154), et 29 avril 1896 (p. 175).

RECHERCHES HISTORIQUES SUR LE MOYEN-AGE EN POITOU

L'ANCIENNE FAMILLE
DE LUSIGNAN

LES PREMIERS SIRES DE CE NOM
LES COMTES DE LA MARCHE

GEOFFROY LA GRAND'DENT (Documents nouveaux)

Les Rois de Jérusalem et de Chypre

PAR

Charles FARCINET

*Ancien Chef du Personnel Administratif au Ministère de l'Intérieur
Officier de la Légion d'Honneur et de l'Instruction Publique
Correspondant de la Société Nationale des Antiquaires de France*

2ᵉ ÉDITION

FONTENAY-LE-COMTE	VANNES
à la Revue du Bas-Poitou	Imprimerie Lafolye
Place Thiverçay	2, place des Lices

1899

CHAPITRES :

	Pages
I. — Les Premiers Sires de Lusignan.	7
II. — Les Comtes de la Marche.	21
III. — *Geoffroy la Grand'Dent* (documents nouveaux).	29
IV. — Les Rois de Jérusalem et de Chypre.	57
V. — Appendices	73

LES PREMIERS SIRES DE LUSIGNAN

I

LES PREMIERS SIRES DE LUSIGNAN

L'ancienne famille de Lusignan, vassale des Comtes de Poitou, et par suite des rois d'Angleterre au moyen âge, a produit de nombreux rameaux et a été féconde en personnages illustres. Elle a tenu le premier rang parmi la noblesse du pays, et l'étonnante fortune de cette maison, l'éclat jeté par elle, expliquent comment la crédulité des anciens temps a perpétué la légende de *Mélusine*, créée par les romanciers et les poètes. Les Sires de Lusignan ont donné des rois à Jérusalem et à Chypre, des comtes de la Marche (seconde branche) et d'Angoulême, des comtes de Pembroke en Angleterre, des comtes d'Eu, des seigneurs de Lezay, de Couhé, etc.[1]. L'autorité de la maison de

---

[1] Les armes de Lusignan étaient : *burelé d'argent et d'azur de 10 pièces, à un lion de gueules, armé et lampassé d'or brochant sur le tout.* En cimier *Mélusine* ou la femme-serpent. — La maison de La Rochefoucaud, l'une des plus anciennes et des plus illustres de France, tire son origine de celle de Lusignan, dont elle a, de tout temps, porté les armes avec trois chevrons pour brisure : mais on n'a point précisé la véritable jonction des deux familles. On dit seulement que les La Rochefoucauld sont issus d'un cadet des Sires de Lusignan, vers 1202. Hugues II, mort avant 967, laissa trois fils : Hugues III, Josselin et Aimeric. Josselin de Lusignan épousa l'héritière du château de Parthenay, et c'est de cette union que

Lusignan en Poitou, s'étendait sur quarante paroisses, dont la moitié appartient aujourd'hui au département des Deux-Sèvres, et de nombreux vassaux venaient se ranger sous sa bannière.

Nous avons peu de renseignements sur les premiers Seigneurs de Lusignan ; le château-fort, dont ils portent le nom, était situé à six lieues de Poitiers ; mais leur origine est obscure et leur histoire est remplie de leur démêlés avec les ducs d'Aquitaine et les anciens comtes de la Marche, dont ils finirent par absorber les domaines, malgré les prétentions des rois d'Angleterre, qu'ils combattirent ou appuyèrent suivant leurs intérêts du moment.

Hugues 1er, dit LE VENEUR, est désigné comme étant le chef de la maison de Lusignan au x° siècle ; on le fait descendre d'un comte de Poitou ou d'un comte de Toulouse, fils d'une sœur de Charlemagne, mais sans preuves, et nous ne savons rien sur lui. Il eut pour successeur :

Hugues II, dit LE CHER ou le BIEN-AIMÉ, auquel la Chronique de Maillezais attribue la fondation du château de Lusignan, qui passait pour imprenable, et qui aurait été bâti par la fée *Mélusine*. Ce château, successivement accru, était une des merveilles de l'architecte militaire du moyen âge et s'élevait

dériveraient les maisons de Parthenay et de La Rochefoucauld. Foucaul Ier, seigneur de la Roche en Angoumois, était fils de Josselin de Lusignan, et vivait du temps de Robert, roi de France (996-1031). — Les armes de la Rochefoucauld sont : *burelé d'argent et d'azur de dix pièces*, qui est de Lusignan ; *à trois chevrons de gueules, le premier écimé, brochant sur le tout*. C'est en souvenir de cette origine que les La Rochefoucauld ont toujours porté des *sirènes* ou *mélusines* pour *tenants* de leurs armes.

au sommet de la colline dont la Vonne baigne la base au Nord. Il n'existe plus depuis longtemps et on a fait sur son emplacement une promenade plantée d'arbres. Il servit de prison à Jacques Cœur, fut pris par le duc de Montpensier, en 1575, sur les Calvinistes, après trois mois de siège, et démantelé sur les instances des habitants de la ville. « C'était le plus fameux et le mieux bâti du royaume », dit de Thou. On ne laissa debout qu'une tour, dite de *Mélusine*, en dehors de la place, et cette tour fut elle-même démolie en 1622. Avec elle disparut une statue de *Geoffroy la Grand'Dent* qui surmontait la maîtresse-porte. Lusignan n'est plus aujourd'hui qu'un chef-lieu de canton de 2,200 habitants, sur la route de Poitiers à La Rochelle. On y remarque encore l'église avec trois nefs, bâtie au xie siècle, remaniée au xve et restaurée de nos jours.

Hugues III, dit le Blanc, vivait sous le règne de Hugues Capet. Il mourut en 1012.

Hugues IV, dit le Brun (1012-1026), fils de Hugues III et d'Arsende, combattit les Sarrasins en Espagne en 1020 ; fut souvent en lutte avec le duc d'Aquitaine et les vicomtes de Thouars ; fit bâtir le château de Couhé et le prieuré de Notre-Dame de Lusignan. Il épousa Audéarde, fille de Raoul Ier, vicomte de Thouars.

Hugues V, dit le Pieux ou le Débonnaire, (1026-1060), épousa Almodis, fille de Bernard Ier, comte de la Marche, qu'il répudia ; guerroya contre Guillaume VIII d'Aquitaine, et fut tué aux portes du château de Lusignan.

Hugues VI, (1060-1110), dit LE DIABLE, eut une vie très accidentée. Il commença la guerre de la succession de la Marche, à laquelle il se prétendait des droits par sa mère *Almodis*, mais qui n'aboutit que bien plus tard *(en 1199)* à la possession définitive de ce comté pour ses descendants. Il finit de construire l'église Notre-Dame de Lusignan fondée par Hugues IV ; prit part à la guerre d'Alphonse IV, roi de Castille, contre les Musulmans *(1087)* et assista au siège de Tudèle ; accompagna le duc Guillaume IX à la Croisade en 1101, et fut fait prisonnier à Ramleh par les Sarrasins. Il était de retour en Aquitaine en 1103, et mourut en 1110.

Hugues VII (1110-1149) dit LE BRUN, fit d'abord la guerre à Guillaume IX, puis se réconcilia avec lui (1226) ; lutta de nouveau avec son successeur Guillaume X, et fut fait prisonnier à Talmont. Il se querella aussi avec Gilbert de la Porée, évêque de Poitiers, dont il pilla les domaines et fut excommunié (1142) ; mais ayant bientôt fait amende honorable (1144), il partit pour la deuxième Croisade (celle de Louis VII) en juin 1147, et y mourut, paraît-il, en 1149 ;

Hugues VIII, dit aussi LE BRUN et LE VIEUX (1148-1173) se croisa comme ses pères. Il partit pour la Terre-Sainte en 1163 (*Hugo de Liziniaco qui cognomitus est Brunus*, dit Guillaume de Tyr, XIX, 8. p. 895), et fut fait prisonnier à la bataille de Harenc (1164). Il était de retour en Poitou en 1171, puisque cette année il confirma les dons faits par son père Hugues VII et Sarrazine, sa femme, à l'abbaye des Châtelliers (voir plus loin). Il mourut probablement vers 1173. En son absence, ses fils Hugues, Geoffroy, Guy et Amaury avaient pris part à l'insurrection des barons d'Aquitaine contre Henri II, roi d'Angleterre, et en avril 1168, le comte Patrice de Salisbury fut tué dans une rencontre avec Geoffroy de Lusignan. — Hugues, fils aîné de Hugues VIII, et dit ausi LE BRUN, mourut le 16 avril 1169, et son père lui survécut. C'est un fait important à constater pour la généalogie. — Remarquons auparavant qu'en 1177, Aldebert V, comte de la Marche, étant sans enfants et partant pour la Croisade, vendit son comté à Henri II d'Angleterre, et que, malgré l'opposition mise à cette vente par les trois fils de Hugues VIII (Geoffroy, Guy et Amaury), Henri II prit possession du comté et reçut les hommages des barons et des chevaliers. Cette souveraineté anglaise, très contestée, ne fut guère que nominale : Hugues LE BRUN, fils, étant mort en 1169, Geoffroy de Lusignan, son frère aîné, revendiqua ses droits sur le comté de la Marche et l'administra de fait jusqu'à son départ pour la Croisade.

Hugues VIII avait épousé Bourgogne de Rancon dont il eut six enfants, entr'autres Hugues, prédécédé en 1169, Geoffroy, Guy et Amaury.

Hugues IX de Lusignan n'était donc pas fils de Hugues VIII. L'erreur a été reproduite par tous les généalogistes : Il était fils de Hugues, l'aîné des fils de Hugues VIII, et par conséquent *petit-fils* de ce dernier.

En effet, il résulte de plusieurs actes du *Cartulaire de l'abbaye des Châtelliers* (Deux-Sèvres[1]) et d'un autre de l'Absie[2] que Hugues, fils aîné de Hugues VIII, et frère de Geoffroy de Lusignan, mourut en *1169, avant son père* (alors prisonnier en Orient), et que ce fut un fils de cet Hugues décédé, qui, sous le nom de Hugues IX, succéda à son grand-père Hugues VIII et devint plus tard comte de la Marche. Ce qui le prouve, c'est *qu'en 1171* un Hugues de Lusignan (Hugues VIII) confirme les dons faits par son père Hugues VII et *Sarrasine* sa femme, à l'abbaye des Châtelliers ; *qu'en 1218*, un autre Hugues de Lusignan (Hugues IX), sur le point d'aller à Jérusalem, confirme ces dons faits en 1172 par son aïeul à l'abbaye : « *Hoc igitur donum AVI MEI superius expressum; ego Hugo Brunus Comes Marchiæ, volui, et concessi, etc.* ; — et qu'en « *1248*, un autre Hugues (Hugues X) reconfirme les « dons de son bisaïeul « *noveritis, quod ego vidi et « diligenter inspexi litteras antecessorum, meorum, videlicet Hugonis de Leziguiaco PROAVI MEI, et Hugonis « Bruni Comites Marchie PATRIS MEI.* » Il en résulte incontestablement que le Hugues (IX) de 1218 est bien le *petit-fils* de Hugues VIII de 1171. — Cette filiation ressort également d'un acte du *Cartulaire de l'Absie* constatant une donation faite à cette abbaye en 1169 par Geoffroy (1er) de Lusignan, 2e fils de Hugues VIII, pour le salut de son frère aîné) Hu-

[1] L. Duval : *Cartulaire de l'abbaye des Châtelliers*, p. 6, 7, 25 et 80 (Niort, 1872, in-8). — Dom Fonteneau, Bib. Nat. Man. fonds latin, n° 18.380.
[2] Archives historiques du Poitou, T. xxv, p. 132. *Cartulaire de l'Absie*.

gues, *décédé* le 16 avril *1169*. Cet acte commence ainsi : « *Cum humana vita sit labilis et transitoria* », etc., et ensuite : « *Quod ego Gaufridus de Lizigniaco* « *pro salute animæ meæ FRATRISQUE MEI HUGONIS* « *atque parentum meorum dedi... Hoc factum est apud* « *Lizigniacum primo die POST SEPULTURAM HU-* « *GONIS FRATRIS MEI laudante et concedente Bur-* « *gundia matris mea. Anno Domini MCLXVIIII (1169)*, « *XVII Kal. April.* — (Bourgogne (de Rancon) était la femme de Hugues VIII).

— *Hugues* IX, petit-fils de Hugues VIII, devint définitivement comte de la Marche en 1199. C'est la véritable date, d'après les deux chroniqueurs Bernard Itier et Albéric de Troisfontaines. Il s'empara, en effet, du comté à la mort de Richard Cœur-de-Lion (1199). En 1200, il se déclara contre Jean-sans-Terre qui avait enlevé Isabelle d'Angoulême, fiancée à son fils (Hugues X), et après avoir servi Philippe-Auguste pendant 14 ans environ, il se réconcilia, en 1214, avec le roi d'Angleterre. Il avait épousé *Mathilde*, fille et héritière de Vulgrin, comte d'Angoulême. Il partit pour la Palestine en 1218 et mourut à Damiette en 1219.

— Nous rappellerons ici que trois autres fils de Hugues VIII de Lusignan sont devenus célèbres : Geoffroy, Guy et Amaury.

1. *Geoffroy (Ier) de Lusignan*, qui porta pendant quelque temps le titre de comte de la Marche puis de Jaffa, après ses succès en Orient, avait remplacé dans la Marche son père absent, ainsi que son frère aîné Hugues, prématurément décédé, et il est souvent cité comme agissant en

maître dans ce Comté. Il épousa : 1° avant 1200 (vers 1195) Eustache Chabot, dame de Vouvent et Mervent (qui a passé pour une des *Mélusines* ou prétendues fées des anciens romans) dont il eut son fils aîné Geoffroy II, dit LA GRAND'DENT ; 2° vers 1202, sa première femme étant décédée, Geoffroy Ier se remaria à Humberge de Limoges, fille d'Adhémar V et de Sarah de Cornouailles,[1] qui lui donna un autre fils, Guillaume, dit de VALENCE, lequel ayant épousé Marquise de Mauléon[2] en eut deux enfants. *Guillaume*, mort jeune, et *Valence*, qui épousa Hugues L'archevêque, sire de Partenay, et hérita des seigneuries de Vouvent et de Mervent.

Geoffroy Ier s'illustra aux Croisades, et particulièrement, en 1191, au siège de Saint-Jean-d'Acre, où il secourut son frère Guy et fut remarqué dans un combat des Francs contre les Sarrasins : *chargé « de garder l'herberge* (le camp) *hardiment la deffendi, « si come celui qui estoit vaillant et hardi chevalier. »* (*Hist. des Crois.*, histor. occid., T. 2. p. 130.) Il fut

---

[1] Le père Anselme. — La Chesnaye des Bois, article *Lusignan*. — Moreri, verbo *Limoges*. — Geoffroy Ier paraît avoir eu un premier fils, nommé Hugues, dont la trace se perd et qui mourut probablement très jeune.

[2] Guillaume de Valence, demi-frère de Geoffroy la Grand'Dent, et qui pilla avec lui l'abbaye de Maillezais en 1225, était mort en 1230, car dans un acte daté de cette année, Marquise de Mauléon, sa femme, est qualifiée *vidua quondam uxor Wilelmi de Valencia defuncti*. On voit par le même acte qu'ils avaient perdu un enfant en bas-âge, Guillaume. Tous les trois furent enterrés dans l'abbaye de la Grénetière, au pied de la *Capella martyrum* : ils avaient marqué eux-mêmes leur sépulture dans ce lieu par un acte passé en 1226. Dom Fonteneau y a vu leurs tombeaux en 1750. (Bib. Nat. fonds latin, 18,834 — Dom Fonteneau, IV, 215 et 227 f° 103., 104., 111.)

nommé comte de Jaffa, et son frère Amaury lui succéda dans ce titre¹. De retour en Aquitaine, vers 1195, Geoffroy fut dépouillé de plusieurs de ses fiefs par Jean-sans-Terre, roi d'Angleterre, mais il s'y rallia en 1204, après avoir en vain renforcé l'armée d'Arthur de Bretagne. Il est cité parmi les Chevaliers Bannerets du Poitou en 1212, et Rigord, historien de Philippe-Auguste, rapporte qu'il dût de nouveau rendre hommage à Jean-sans-Terrre, en 1214, et signer un traité, probablement à la suite du siège qu'il subit avec ses deux fils dans le château de Vouvent (Rymer, *Fœdera*, I, 189, édit. de Londres, 1704). La date de sa mort n'est pas exactement connue ; mais nous verrons plus loin qu'il n'existait plus en 1224.

2° *Guy de Lusignan*, qui devint roi de Jérusalem en 1186 et de Chypre en 1192, est le chef des Lusignans d'outre-mer. Il se fit remarquer en Palestine et fut appelé au trône de Jérusalem par suite de son mariage avec Sybille, sœur du roi, à qui il avait plu ; mais battu par Saladin à Tibériade en 1187 et dépossédé, il acheta l'île de Chypre à Richard Cœur-de-Lion, qui l'avait enlevée à Isaac Comnène, et y fonda une monarchie avec les Francs de Syrie.

3° *Amaury de Lusignan* qui fut roi de Chypre en 1194, sous le nom d'Amaury II, après son frère

---

¹ *Comtes de Jaffa et d'Ascalon* :
1176 : Guillaume de Montferrat, dit Longue-épée Ier.
1177 : Sibyle de Jérusalem, fille du roi Amaury Ier.
1180 : Guy de Lusignan (roi de Jérusalem en 1186.)
1191 : Geoffroy de Lusignan, sire de Vouvent.
1193 : Amaury de Lusignan, roi en 1197.
1205 : Alix de Champagne et Hugues Ier de Lusignan.

Guy, et transmit le royaume à ses descendants jusqu'en 1489.

— *Hugues X* de Lusignan succéda à Hugues IX en 1219, comme comte de la Marche, et devint aussi comte d'Angoulême en 1220 par son mariage avec Isabelle d'Angoulême, veuve de Jean-sans-Terre, roi d'Angleterre, et mère de Henri III. C'était son ancienne fiancée que Jean-sans-Terre lui avait enlevée vingt ans auparavant. Isabelle ayant été reine aurait voulu empêcher son nouvel époux de rendre l'hommage qu'il devait à Alphonse, comte de Poitiers, frère de saint Louis, et elle fut soutenue dans sa révolte par Henri III et par les rois d'Aragon, de Castille et plusieurs seigneurs du midi ; mais ils essuyèrent une première défaite au pont de Taillebourg et furent vaincus une seconde fois, le lendemain, sous les murs de Saintes (1242). Ce dernier échec obligea le comte de la Marche à prêter hommage et à livrer en garantie plusieurs forteresses qui reçurent une garnison française. Cette guerre fut la dernière tentative des grands vassaux sous le règne de saint Louis. Hugues X mourut en 1249. Un de ses fils[1], appelé Guillaume, prit le surnom de *Valence*

---

[1] Isabelle, dite la *Comtesse-Reine*, eut *cinq* enfants de son premier mariage avec Jean-sans-Terre, et *neuf* de son second avec Hugues X. Elle mourut en 1246 à l'abbaye de Fontevrault, où elle s'était retirée.

Enfants d'Isabelle et de Jean-sans-Terre (deux fils et trois filles) : *Henri III* et *Richard*, — *Jane*, mariée à Alexandre, roi d'Ecosse ; *Eléonor*, mariée d'abord au comte de Leicester ; *Isabella*, mariée à Frédérik II, empereur d'Allemagne.

Enfants d'Isabelle et de Hugues X (cinq fils et quatre filles) : *Hugues XI* ; *Guy*, seigneur de Cognac *Geoffroy*, seigneur de Jarnac; *Guillaume*, seigneur de Valence, puis de Pembroke, en Angleterre ;

(comme le second fils, alors décédé, de Geoffroy de Lusignan, avec lequel on l'a confondu) et devint comte de Pembroke, en Angleterre, favorisé par Henri III, son frère utérin ; un autre, nommé *Adhémar* ou *Aymar*, fut, malgré l'opposition du clergé anglais, nommé pour peu de temps évêque de Winchester ,1260,¹.

Hugues XI, dit aussi le Brun, comte de la Marche et d'Angoulême en 1249, épousa Yolande, fille de Pierre Mauclerc, duc de Bretagne, qui lui apporta en dot le comté de Penthièvre. Il mourut dans la campagne d'Egypte, en 1250.

Hugues XII était mineur à la mort de son père, et de 1250 à 1256, les comtés de la Marche et d'An-

---

Adhémar, évêque de Winchester. *Agathe*, femme de Guillaume de Chauvigny, seigneur de Châteauroux ; *Alpais* ou *Alix*, mariée en 1247 à Jean de Sussex, vice-roi d'Ecosse ; *Isabelle*, mariée à Geoffroy de Rancon, seigneur de Taillebourg ; *Marguerite*, mariée d'abord au comte Raymond de Toulouse, puis à Aimery de Thouars, seigneur de Talmond.

¹ Henri III, roi d'Angleterre, leur frère utérin, les avait attirés auprès de lui en 1247 ; il fit chevalier Guillaume de Valence et lui donna la seigneurie de Wertsford. Il devint comte de Pembroke par son mariage avec Jeanne de Montchensey, comtesse de Pembroke, fille de Guérin de Montchensey, chevalier anglais, et de N. Mareschall, fille de William Mareschall, comte de Pembroke, régent du royaume à l'avènement d'Henri III. De ce mariage naquirent : 1° Aymar de Valence, comte de Pembroke, qui fut vice-roi en Ecosse et enterré à Westminster ; 2° Guillaume de Valence, 2° du nom, tué au combat de Lantilawit (pays de Galles) en 1283, et qui eut pour enfants : 1° Aymar II de Valence, comte de Pembroke, dont la femme née de Chastillon, vivait encore en 1355, et fonda le collège de Pembroke à Cambridge en 1343 ; elle était fille de Guy de Chastillon, comte de Saint-Paul en France ; 2° Elisabeth de Valence, mariée à Jean, sire de Hastings dont elle eut Laurent de Hastings, comte de Pembroke seigneur de Wertsford etc. (*Le Père Anselme*). — Voir aussi W. Camden. Description générale de l'Angleterre, Comté de Pembroke (Wales). — Cette branche des comtes de Pembroke s'est éteinte à la 3 génération. Les comtes de Pembroke actuels n'ont été créés qu'en 1551.

goulême furent gouvernés par Yolande, veuve de Hugues XI. Son fils se signala par ses violences contre le clergé. Il prit part à la deuxième Croisade de saint Louis, en 1270, et y périt.

— *Hugues XIII* n'était pas majeur en 1270, et la garde du comté échut à Jeanne de Fougères, sa mère. Il fit la campagne d'Aragon en 1285, n'eut pas d'enfants et mourut en 1302. Il avait désigné *Guy*, son frère, pour lui succéder, et celui-ci, mort en 1308, avait remis le comté à sa sœur aînée Yolande; mais Philippe-le-Bel ayant résolu de réunir la Marche et l'Angoumois au domaine de la couronne, traita avec Yolande qui conserva l'usufruit des deux comtés. Son testament est du 12 août 1314. (*Bib. Nat. Man. Collection Dupuy, t. 805, f° 93*).

II

LES COMTES DE LA MARCHE

II

LES COMTES DE LA MARCHE

La Basse-Marche ou Marche du Poitou, et *la Haute-Marche* ou Marche d'Auvergne, occupaient ensemble, sur l'ancienne carte de France, une longue bande de terrain entre le Limousin et le Poitou, le Berri et l'Auvergne. Cette zone indéterminée ne parvint que plus tard à avoir un nom distinct, et ce nom veut dire *frontière*, pour indiquer que son sol boisé, montagneux et peu fertile, était un territoire neutre entre les voisines, et en quelque sorte une frontière entre les Aquitains et les Celtes. Sous la domination romaine la Marche appartenait aux *Lemovices*, aux *Cubi* et aux *Pictavi*, Guillaume III, duc d'Aquitaine, l'érigea en comté, en faveur de Boson Ier descendant d'un comte de Limoges et de Charroux, créé par Charlemagne. A partir de cette époque elle eut ses comtes et souverains de la maison de Charroux, puis de celles de Montgomery et de Lusignan. Philippe-le-Bel la confisqua, en 1309, sur Guy de Lusignan. Charles-le-Bel, son troisième fils, auquel il l'avait léguée, la donna en 1327 à Louis Ier de Bourbon, en échange du comté de Clermont. La Marche passa ensuite aux maisons d'Armagnac, de Bourbon-Beaujeu et de Bourbon-Montpensier. François Ier la retira en 1525, au connétable de Bourbon. Elle forme aujourd'hui le département de la Creuse et une grande partie de celui de la Haute-Vienne.

La première branche des comtes de la Marche est représentée par les *Boson* et les *Aldebert* ; la seconde est celle des *Lusignans*.

PREMIÈRE BRANCHE :

Boson Ier, dit le Vieux, fils de Sulpice et petit-fils de Geoffroy, premier comte de *Charroux* (c'est-à-dire de la Marche dont Charroux était alors le chef-lieu[1]), qualifié comte de la Marche dans une charte de 944, devenu le successeur des enfants de Bernard dans le comté de Périgord, mourut à une époque incertaine. Sa femme était Emma, sœur de Bernard, comte de Périgord. *Enfants* : 1. Hélie Ier, comte de Périgord ; 2. Aldebert Ier, comte de la Haute-Marche ; 3. Boson II, comte de la Basse-Marche ; 4. Gausbert ; 5. Martin, évêque de Périgueux.

— *Aldebert Ier*, comte de la Haute-Marche, second fils de Boson Ier, mourut en 995. *Enfant* : Bernard Ier, successeur de son frère et de son oncle Bosson II.

---

[1] *Charroux*, l'une des capitales de la Marche (les autres furent *Guéret* et *Bellac*), avait au moyen âge une certaine importance. Elle était bâtie dans une situation pittoresque, près de la Charente, sur un sol boisé, couvert de monuments celtiques, d'ouvrages militaires anciens et traversé de voies romaines. Une abbaye fondée par Charlemagne, y avait attiré un grand nombre d'habitants ; elle comptait huit églises et occupait une étendue aussi grande que celle de Limoges. Charroux resta capitale jusqu'en 1477.

— *Boson II*, comte de la Basse-Marche, 3ᵉ fils de Boson Iᵉʳ, mourut vers 1006. — *Femme :* Almodis, fille de Giraud, vicomte de Limoges. *Enfants :* 1. Zélie ; 2. Feltrin ; 3. Aitard ; 4. Jourdaine, femme d'Archambaud, vicomte de Comborn.

— *Bernard Iᵉʳ*, comte de la Haute et Basse-Marche, fils d'Aldebert Iᵉʳ, mourut en 1047. — *Femme :* Amélie. *Enfants :* 1. Aldebert III ; 2. Odon ; 3. Almodis, mariée 1ᵒ à Hugues V de Lusignan, qui la répudia ; 2ᵒ à Pons, comte de Toulouse, qui la répudia également ; 3ᵒ à Raymond-Bérenger Iᵉʳ, comte de Barcelone ; 4. Rangarde, femme de Pierre Raymond, comte en partie de Carcassonne ; 5. Lucie, femme d'Arnaud de Pailhas.

— *Aldebert III* (Aldebert II étant comte de Périgord), fils aîné de Bernard Iᵉʳ, mourut en 1088. — *Première femme :* N... *Seconde femme :* Ponce. *Enfants :* 1. Boson III ; 2. Almodis.

1088. — *Boson III*, fils d'Aldebert III et de Ponce, mourut en 1091. Qualifié *comte de la Marche* deux ans au moins avant la mort de son père.

1091. — *Almodis* et *Roger II de Montgomery*. Almodis, sœur de Boson III, morte, au plus tôt, l'an 1116. *Mari :* Roger de Montgomery, comte de Lancastre, fils de Roger, comte de Montgomery, et de Mabille, comtesse de Bellême et d'Alençon ; vivait encore en 1123. *Enfants :* 1. Aldebert N. ; 2. Eudes ; 3. Boson IV ; 4. Ponce, femme de Wulgrin II comte d'Angoulême ; 5. Marquise, femme de Guy IV, vicomte de Limoges.

Vers 1116. — *Aldebert IV, Eudes et Boson IV*, fils d'Almodis. Aldebert mourut au plus tard en 1143.

Eudes vivait encore en 1135. Boson n'est plus mentionné à partir de de 1118. — *Femme d'Aldebert* : Arengarde, qui épousa en secondes noces Chalon de Pons. *Enfants* : Bernard II et deux autres fils.

Vers 1143. — *Bernard II*, fils d'Aldebert IV et d'Arengarde ; mourut vers 1150. *Enfants* : 1. Aldebert V ; 2. Gérard, doyen de Saint-Iriez de la Perche.

Vers 1150. — *Aldebert V*, fils de Bernard II, mourut le 29 août 1180. *Enfant* : Marquise, femme de Guy de Comborn.

Aldebert V vend le comté de la Marche à Henri II, roi d'Angleterre en 1177[1].

SECONDE BRANCHE :

Nous avons dit précédemment qu'Aldebert V fut le dernier comte de la Marche de cette première branche et qu'il vendit le comté en 1177 à Henri II, roi d'Angleterre, avant de partir pour la Croisade. Il avait répudié sa femme et perdu son fils ; il n'avait pas été heureux dans la lutte qu'il soutenait contre Hugues VIII de Lusignan qui, aidé de son second fils Geoffroy, revendiquait la possession du comté, et ce fut pour se venger qu'au lieu de traiter avec Hugues il vendit au roi d'Angleterre, naguère son ennemi, ses droits sur le comté. Ce honteux marché fut conclu par acte passé à Grandmont moyennant quinze livres monnaie d'Anjou, vingt mulets et vingt palefrois avec lesquels il partit pour la Terre Sainte et

[1] *Bibl. de l'Ecole des Chartes*, 1881, p. 37.

mourut en revenant, le 29 août 1880 à Constantinople.

Cette singulière vente ne fut pas considérée comme sérieuse. Geoffroy de Lusignan, au nom de son père, également parti pour la Croisade, et avec lui ses frères, se montrèrent disposés à défendre leur conquête les armes à la main, de telle façon que le roi d'Angleterre et son fils Richard ne songèrent à réclamer d'autres droits que ceux inhérents à leur qualité de ducs d'Aquitaine.

C'est en 1199 que Hugues IX de Lusignan s'empara définitivement du comté de la Marche après la mort de Richard Cœur de Lion ; mais il dut encore entrer en lutte avec Jean-sans-Terre, fils de Richard.

Nous avons vu précédemment quels furent les successeurs de Hugues IX jusqu'en 1313, date à laquelle Philippe le Bel réunit le comté de la Marche à la couronne de France.

III

GEOFFROY LA GRAND'DENT

(Documents nouveaux)

III

GEOFFROY LA GRAND'DENT
(*Geoffroy II de Lusignan*).

Quand on voyage en Poitou, pays encore peu connu des touristes et cependant bien intéressant par son passé historique, ses sites pittoresques et ses coutumes locales, on entend souvent parler de Geoffroy de Lusignan, dit la *Grand'Dent* et de ses exploits fantastiques. Ces récits, dont l'origine remonte au commencement du 13° siècle, avaient vivement excité ma curiosité ; j'ai fait des recherches et j'ai vu qu'en effet les anciènnes chroniques, le roman de *Mélusine*, plusieurs autres documents et Rabelais même dans *Pantagruel*, parlent de ce redoutable et turbulent seigneur du moyen âge, Geoffroy de Lusignan, qui fut surnommé *la Grand'Dent* parce qu'une longue dent lui sortait, dit-on, de la bouche, et qui est devenu légendaire en Poitou, à la suite des persécutions qu'il exerça contre les moines de l'ancienne abbaye de Maillezais (Vendée[1]) et des Prieurés qui en dépendaient.

[1] L'abbaye de Maillezais (Vendée), fut fondée vers 980 par Emma, fille de Thibaut le Tricheur, comte de Blois, et femme de Guillaume IV, duc d'Aquitaine. Cette princesse la fit construire sur

L'identité de ce farouche personnage, presque romantique, est restée longtemps douteuse, malgré la notoriété dont il a joui depuis le XIIIe siècle, non seulement en Poitou, mais dans des pays très éloignés. On trouve beaucoup d'erreurs et de contradictions dans les notices qui le concernent, et il était à désirer qu'elles fussent redressées dans l'intérêt de l'histoire de cette province.

Plusieurs historiens et généalogistes l'ont confondu avec son père, Geoffroy (Ier) de Lusignan (2e fils de Hugues VIII de Lusignan) qui se distingua à la 3e Croisade, et joua un rôle assez important dans les guerres dont le Poitou fut le théâtre sous Philippe-Auguste et ses successeurs. Il avait toujours paru difficile de faire cesser cette confusion, et plusieurs érudits y avaient renoncé, en présence des obscurités et des contradictions qu'ils rencontraient dans les anciens documents. Nous avons néanmoins repris ces recherches, et peut-être jetterons-nous un peu de lumière sur les faits et gestes de ces personnages restés dans la pénombre du moyen âge. Si tant d'événements de

---

les ruines d'une ancienne basilique détruite par les Normands, la consacra à Saint-Pierre et y établit une communauté d'hommes soumis à la règle de Saint-Benoît. Guillaume V, duc d'Aquitaine, voulut y terminer ses jours, et plusieurs de ses successeurs y furent enterrés.

Maillezais est aujourd'hui un chef-lieu de canton de 1,389 habitants arrondissement de Fontenay-le-Comte. De l'église abbatiale, devenue cathédrale au XIVe siècle, il ne reste que le porche du XIIe siècle (deux tours carrées d'inégale hauteur), le narthex du XIe siècle, un mur de la nef et une partie du transept Nord du XIVe siècle. A côté, sont les anciens bâtiments de l'abbaye. L'église paroissiale de Maillezais, également monument historique, est une des plus remarquables églises romanes de la Vendée par les sculptures de la façade.

cette époque tourmentée nous sont peu connus dans leurs détails, la plupart ont cependant été mentionnés dans des chartes ou chroniques des anciens monastères, et si tous ces écrits ne sont pas parvenus jusqu'à nous, on peut du moins quelquefois, en relevant et comparant les textes qui nous restent, arriver à en tirer des conclusions.

Il est facile d'établir tout d'abord que Geoffroy II, dit *la Grand'Dent*[1], persécuteur de l'abbaye de Maillezais[2], a succédé à son père Geoffroy (Ier) de Lusignan, comme seigneur de Vouvent et Mervent et qu'il devint après la mort de Savary de Mauléon (1233)[3], le maître de Fontenay-le-Comte, que saint Louis lui reprit en 1242, ainsi que le rapportent Guillaume de Nangis[4] et plusieurs autres

[1] Il importe de remarquer que le surnom de *Grand'Dent* n'est mentionné dans aucun ancien document véritablement historique. On n'en parle que dans le roman de *Mélusine*, datant de 1387, et dans quelques autres récits fantaisistes. C'est une tradition populaire, consacrée par ces romans et par l'iconographie. Châteaubriand a justement fait remarquer que la chevalerie historique, qui a commencé à la fois chez les Maures et chez les chrétiens sur la fin du VIIIe siècle, a fait naître une chevalerie *romanesque* qui donne aux temps moyens un caractère d'imagination et de *fiction* qu'il est essentiel de distinguer (*Préface des Etudes historiques*).

[2] Ces violences contre l'abbaye de Maillezais avaient commencé du temps de Geoffroy père, qui venait souvent mettre le monastère à contribution avec de nombreux écuyers et valets, des mules et des chiens ; elles redoublèrent avec le fils qui finit par chasser les religieux et s'installa dans les dortoirs et réfectoires (Arnauld, Hist. de Maillezais). Le Duchat dit même qu'en 1232 il mit le feu à l'abbaye, ce qui lui ayant fait une mauvaise affaire à Rome, il fut contraint de la rebâtir et de lui faire des rentes pour plus de 3,000 livres

[3] *Savary de Mauléon*, puissant seigneur de la féodalité poitevine, guerrier remarquable, célèbre dans la grande lutte anglo-française du commencement du 13° siècle, et prenant tour à tour les intérêts de Jean-sans-Terre et ceux de Philippe-Auguste.

[4] Geoffroy la Grand'Dent qui avait embrassé le parti du comte de la Marche, ne put pas plus que lui, résister à Louis IX, et du

chroniqueurs. Il existe, en effet, un document probant, une charte en vieux langage français, émanant de Geoffroy la Grand'Dent lui-même, datée de 1234, et dont une copie faite par Jean Besly, l'historien poitevin, est conservée aux manuscrits de la Bibliothèque nationale (*Coll. Dupuy, T. 805, f° 69*), dans laquelle il se dit fils de Geoffroy de Lusignan et d'Eustache (Chabot) décédés, et les recommande aux prières des frères de l'Aumônerie de Saint-Thomas de Fontenay, en leur concédant le droit de prendre du bois de chauffage dans ses forêts[1]. Ses violences contre le monastère de Maillezais dont il réclamait l'*avouerie*[2] du chef de sa mère décédée, le firent excommunier, et il dut se rendre à Spolète en 1233, auprès de Grégoire IX, pour se faire absoudre et renoncer à ses injustes prétentions. Entraîné plus tard dans la

---

s'abandonner à la discrétion du vainqueur. Le récit de sa défaite se trouve dans Guillaume de Nangis : « Après la prise de la tour de « Béruge, li roys ala seurement à un autre chatel que l'en clame « Fontenoy et le tenoit Geffroys, sire de Liseygny, qui etoit en « l'ayde le comte Hue de la Marche. Li roys fit assoir (*assiéger*) le « chatel et le prit en peu de temps par la force, avecques un autre « moult riche et moult fort que l'on nommoit Nouvent (*Vouvant*) « qui etoit au dict Groy (*Gefroys*) » — 1242.

[1] Voici un extrait de cette charte, curieux spécimen de la langue du temps : « A tous ceaulx qui cest present escript voiront et « oiront, je Geoffreiz de Lezignen, sires de Vouvent et de Maire- « vent, saluz. Sachez vos tuit communement que je Geoffreiz de « Lezignen dessus ditz, por le salu de m'erme et por le salu de « mun bun père sire Geoffreys de Lezignen lo prodome et de ma « dame Eustache ma bonne mère, ay donné et donne aux frères de « Munsignor Saint Ladre d'Ostremer qui de lor ordre serant. . « en la maison de l'aumosnerie... de Fontenay et aux pauvres lor « chauffage en ma forest de Mairevent... por lo bienfaict dau « chauffage.. sont tenu et serant tenu durablement à faire l'ani- « versaire de mun père et de ma mère qui dessuz sont nommés « chascuns ans solepnament en l'église... etc. » 1234.

[2] *Avouerie* : protection, patronage des églises et des abbayes, établissant une vassalité. C'était un droit héréditaire.

révolte de son cousin Hugues X, comte de la Marche, contre saint Louis, Geoffroy se vit forcé de subir la loi du vainqueur après la bataille de Taillebourg (1242). Il rendit hommage l'année suivante à Alphonse de France, comte de Poitiers et frère de saint Louis, pour ses châteaux et fiefs de Vouvent, Mervent et autres. Il mourut en 1248 et fut probablement enterré dans l'église de Vouvent, où l'on a pu lire à l'intérieur de l'abside, touchant au portail et à droite, cette inscription du XIIIe siècle : *QVONDAM PRÆCLARVS SED NVNC CINIS ATQVE FAVILLA* †. On pense généralement que ces cendres sont celles de Geoffroy la Grand' Dent qui, par son testament (de janvier 1247, *voir plus loin*, avait choisi sa sépulture dans cette église. Il y avait aussi dans l'abbaye de Maillezais un tombeau, ou plutôt un cénotaphe, avec une statue, érigés à la mémoire de Geoffroy, qui s'était réconcilié avec les moines. C'est ce mausolée que cite plaisamment *Rabelais,* en appuyant sur l'obscurité de l'origine de notre personnage : « En
« après, lisant les belles chronicques de ses an-
« cestres, trouva que Geoffroy de Lusignan, dict
« Geoffroy à la grand dent, *grand père du beau*
« *cousin de la sœur aisnée de la tante du gendre de*
« *l'oncle de la bruz de sa belle-mère*, estoit *enterré à*
« *Maillezais :* dont print un jour campos (*les champs*
« pour le visiter comme homme de bien. Et par-
« tant de Poictiers avecques aulcuns de ses com-
« paignons passarent par Légugé, visitant le noble
« Ardillon, abbé ; par Lusignan, par Sansay, par
« Celles, par Colonges, par Fontenay-le-Comte,

« saluant le docte Tiraqueau¹, et de là arrivèrent
« à Maillezais, où visita le sepulchre dudit *Geoffroy*
« *à la grand dent*; dont il eut quelque peu de
« frayeur, voyant sa pourtraicture ; car il y est en
« imaige comme d'ung homme furieux, tirant à
« demy son grand malchus (*coutelas*) de la gaine.
« Et demandoit la cause de ce. Les chanoines du
« dict lieu luy dirent que n'estoit aultre cause
« sinon que *pictoribus atque poetis*, etc., c'est-à-dire
« que les painctres et poëtes ont liberté de paindre
« à leur plaisir ce qu'ils veulent, etc. » (*Pantagruel,*
« *liv. 2, chap. 15*).

L'âge qu'avait atteint Geoffroy II ne peut être précisé, la date de sa naissance n'étant pas exactement connue ; mais elle ne doit pas s'éloigner de 1198² ; il serait donc mort à 50 ans environ. Ce fougueux seigneur personnifiait bien son époque ; il s'abandonnait sans mesure à tous ses sentiments et ne craignait rien, justifiant ce qu'a dit Guizot de ces temps de « déplorable condition so-
« ciale, où l'homme était immense, son individua-
« lité profonde et sa volonté sans bornes... »

— Geoffroy Ier et Godefroy II de Lusignan

---

¹ Ami de Rabelais et savant jurisconsulte, d'abord lieutenant général au bailliage de Fontenay-le-Comte, et depuis conseiller au Parlement de Paris.

² Il résulte d'une charte de 1200 conservée à la Bibliothèque Nationale dans les manuscrits de *Baluze*, t. 51, p. 87, que Geoffroy II dut naître en 1198 ou 1199. En effet, dans cette charte, Geoffroy Ier, son père, reconnaît qu'il n'a pas de droits coutumiers sur certaines terres appartenant à l'abbaye de l'Absie, et il termine ainsi : « *hæc ita concessit domina Eustachia uxor mea et Goffridus filius meus adhuc infantulus* ». *Infans* est l'enfant qui ne parle pas encore (2 à 3 ans au plus) ; *infantulus* est encore au-dessous : 18 mois à 2 ans. Or cette charte datée de Mervent, est du 4 mai 1200. Geoffroy II est donc né en 1198 ou 1199.

avaient acquis une grande renommée ; elle s'étendit jusqu'en Allemagne où l'on a trouvé une singulière médaille qui représente Geoffroy II coiffé d'un casque bizarre, maintenu par une mentonnière, avec une grande dent qui lui sort de la bouche. On lit autour : GODEFRIDVS DE LVZINEM. Le revers représente une tête de loup ou de chien monstrueux. Tentzel, conservateur du Cabinet des Médailles de Gotha (1659-1707), qui a, le premier, décrit cette médaille, en 1692, dit que l'histoire de Geoffroy la Grand'Dent a été traduite du français en italien, puis en allemand en 1456, par les ordres du margrave Rodolphe de Hochberg. Dans une traduction publiée à Francfort en 1571, on lit que deux chevaliers Aragonais vinrent inviter le brave Geoffroy à aller combattre un monstre, gardien d'un trésor qui avait été amassé par quelqu'un de sa maison. Quoique cet animal eût déjà dévoré un chevalier anglais qui voulait l'attaquer, Geoffroy n'hésita pas à tenter l'aventure, mais il mourut de maladie avant d'avoir pu joindre le monstre. — Fr. Münter, antiquaire Danois (1760-1830) a signalé deux médailles analogues, en argent et en bronze, conservées au Cabinet Impérial de Vienne et qui, d'après lui, auraient été frappées en Italie au XVe siècle, — peut-être, en effet, par quelque descendant des Lusignan de Chypre, en souvenir de Geoffroy Ier qui se distingua à la 3e Croisade et de son fils Geoffroy dit la Grand'Dent.

Le caractère fabuleux donné à l'histoire de ces seigneurs du moyen-âge vient évidemment du roman de Mélusine[1], fée que les récits de chevalerie et les légendes propagées en Poitou représentent comme l'aïeule et la protectrice de la maison de Lusignan. — Ce roman fut composé en 1387 par Jehan d'Arras, secrétaire du duc de Berry, par ordre de

[1] La *Revue du Bas-Poitou* a publié en 1894 (p. 494) des observations intéressantes de M. le comte de Marsy sur *Mélusine* et *Geoffroy la Grad'Dent*. Après avoir parlé des origines obscures de la légende de Mélusine (qu'il ne faut pas confondre avec l'ancienne sirène), le savant archéologue se demande « si le nom de *Grand'Dent* a pu être donné à un Geoffroy de Lusignan avant le « roman de Jean d'Arras. » Rien ne l'établit. Ce roman fut composé seulement en 1387, et il fut répandu par la tradition et par des copies manuscrites jusqu'en 1478, date de sa première impression à Genève ; mais le surnom de *Grand'Dent*, ne se trouve dans aucun document antérieur, et ce fut probablement, en effet Jehan d'Arras qui le donna à Geoffroy de Lusignan, persécuteur de l'abbaye de Maillezais, pour le rendre plus effrayant. Les historiens lui conservèrent ce nom pour le distinguer des autres Geoffroy, dont il a éclipsé sinon absorbé la renommée. Quant à son père Geoffroy Ier, qui s'illustra aux Croisades, M. de Marsy dit que rien ne lui paraît plus hypothétique que de le faire descendre des Hugues de Lusignan ». — Tous les auteurs sont cependant d'accord pour établir qu'il était fils de Hugues VIII ; qu'il secourut son frère Guy au siège de Saint-Jean d'Acre, et tous les chroniqueurs le citent. Il est aussi appelé *Grand'Dent* dans le roman de Mélusine, parce que l'auteur a amalgamé les exploits du père en Orient, avec ceux du fils qui, en Poitou, incendia l'abbaye de Maillezais, fut excommunié et dut se rendre à Spolète auprès du Pape (Juillet 1233) pour être absous (*Gallia Christiana*, I, 1364. — *Nova Biblioth. Labbanœ*, II, 245). Ces faits sont également rappelés dans le *Père Anselme* (Hist. Généal.) qui ajoute que l'absolution lui fut donnée moyennant la renonciation qu'il fit à son droit d'avoürie, gîte et juridiction ; qu'en 1242 il prit les armes contre le roi saint Louis en faveur de Hugues X, comte de la Marche, son cousin, et qu'au mois d'avril de l'année suivante il déclara par ses lettres qu'il avait fait hommage à Alphonse de France, comte de Poitiers (frère de saint Louis) de ses châteaux et fiefs de Vouvent, de Fontenay, de Soubize et des autres terres qu'il tenait de noble homme Hugues, comte de la Marche.

Il ne nous manquait que la date de la mort de Geffroy Ier pour ne pas lui attribuer tous les méfaits de son fils. On s'était aussi demandé si le père et le fils n'étaient pas le même personnage ? mais Geoffroy II ne mourut qu'en 1248, et il résulte d'un document récemment trouvé aux *Archives nationales*. (*Voir plus loin*) que Geoffroy I était décédé avant 1224.

Charles V, son frère, pour l'amusement de la duchesse de Bar, sœur du roi, et imprimé pour la première fois en 1487. L'auteur raconte entre autres choses que *Mélusine* était fille d'*Elinas*, roi d'Albanie, et de la fée *Pressine* qui, pour la punir de sa désobéissance envers son père, l'avait condamnée à devenir moitié serpent tous les samedis, et à ne se marier qu'à la condition de n'être pas vue ce jour-là par son mari. Mélusine s'étant mise à voyager, vint en Poitou et fit la connaissance de *Raymondin*, fils du comte de Forez, qui prenait part aux tournois donnés par son oncle le comte du Poitou. Un mariage s'ensuivit, et de cette union naquirent neuf enfants qui tous avaient des marques de leur étrange origine. L'un d'eux fut le fameux Geoffroy, dit la *Grand'Dent*, parce qu'il avait une dent énorme qui lui sortait de la bouche. Plus tard Raymondin ayant voulu, malgré la défense faite, voir sa femme un samedi, la surprit dans sa métamorphose et se baignant dans une cuve ; mais elle s'enfuit par une fenêtre sous la forme d'un serpent ailé et disparut pour toujours. Elle erre depuis lors sous les ruines des châteaux bâtis de son temps, et effraye les populations par ses apparitions et ses plaintes nocturnes[1].

Geoffroy la Grand'Dent a été le sujet de nombreux romans, tableaux, gravures et sculptures, et une statue effrayante de ce prétendu fils de Mé-

---

[1] Elle a été prise pour emblème par la maison de Lusignan. En termes de blason, une *Mélusine* est une figure demi-femme, demi-poisson, se baignant dans une cuve, se mirant et peignant ses cheveux.

lusine se voyait autrefois au-dessus de la principale porte du château de Lusignan. — En 1834, on fit des fouilles dans l'ancienne abbaye de Maillezais, et on y découvrit une tête en pierre provenant, dit-on, du cénotaphe élevé à la mémoire de Geoffroy, et qui paraît le représenter ; mais la pierre a subi bien des chocs, le temps en a usé plusieurs parties et on n'y voit plus la grande dent. Cependant cette tête garde encore une expression terrible. On peut la voir au Musée lapidaire de Niort (n° 135 du Catalogue).

— En recherchant les documents historiques qui peuvent s'appliquer à Geoffroy la Grand'Dent, nous en avons trouvé plusieurs qui méritent d'être signalés :

On voit dans Rymer (*Fœdera*, t. ɪ, p. 313) qu'en 1230, Henri III, roi d'Angleterre, libéra de prison un *Geoffroy* et un *Aimery* de Lusignan, tous deux *frères* (faits prisonniers par le comte de Bretagne, agissant pour Henri III) sur la promesse de Geoffroy de livrer ses châteaux de Vouvent et Mervent. Il ne peut s'agir ici que de Geoffroy la Grand' Dent, puisque son père Geoffroy Ier était mort dès 1224 ; mais Geoffroy II n'avait pas de frère nommé Aimery, ou du moins aucun généalogiste ne l'a signalé. On lit d'autre part dans l'*Histoire ecclésiastique d'Angleterre* de Jérémie Collier (t. ɪɪ, p. 158), qu'un Geoffroy de Lusignan (sire de Jarnac) et un Aymar (ou Athelmar, nommé évêque de Winchester), tous deux frères, furent expulsés d'Angleterre en 1260, malgré le roi, par une décision des barons réunis en Parlement, qui imposaient alors leurs volontés ; mais ces deux frères, étaient fils de Hugues X, comte de la Marche, et demi-frères d'Henri III d'Angleterre par leur mère Isabelle d'Angoulême, veuve de Jean-sans-Terre, remariée à Hugues X. Ce Geoffroy de Lusignan appartenait donc à une autre branche plus jeune, et d'ailleurs il n'était pas seigneur de Vouvent. Il paraît donc qu'il y a eu erreur sur le nom ou sur le degré de parenté du second prisonnier (*Emericus*) cité par Rymer, dont voici, du reste, le texte :

(1230). — « Sciant præsentes et futuri, quod hæc
« est forma per quam dominus Henricus Rex il-
« lustris, filius Regis Johannis deliberavit *Galfri-*
« *dum de Lezyniaco*, et milites suos cum eo captos
« a prisona videlicet. Quod ipse Galfridus, in pri-
« mis, commisit ipsi Regi castra sua Devonent
« (de Vovent) et Mereventer, in tenentiam et se-
« curitatem de fideli servitio ; ita quod ipse Rex,
« quam diu guerra duraverit inter ipsem et Regem
« Franciæ, tenebit castra supradicta in manu sua,
« ad guerrandum inde inimicos suos. — Et cum
« idem Rex habuerit castra prædicta in manu sua,
« sicut predictum est, tunc faciet idem Galfridus
« eidem Regi homagium suum de jure suo.. Deli-
« beravit Rex *Emericum de Lezyniaco fratrem ipsius*
« *Galfridi*, et cum eo captum ; ita quidem quod
« tota terra sua, quam tenende Emerico de Toar-
« cio, ad opus Regis incurratur ; de voluntate as-
« sensu ipsius Emerici de Toarcio, qui hoc manu-
« cepit et concessit, si contingat ipsum Emericum
« de Lezyniaco a fidelitate et servitio Regis ali-
« quando recedere, et inde Cartam suam Domino
« regi fieri faciet... etc. »

L'érudit archiviste Paul Marchegay, dans ses *Recherches historiques sur la Vendée*, a parlé d'un document analogue à celui de Rymer, mais il n'en a donné qu'une traduction incomplète. Il dit à ce sujet : « Vouvent et Mervent étaient jadis « deux noms à peu près inséparables ; aujourd'hui « ils appartiennent à deux cantons différents : « Vouvent à la Châtaigneraie, Mervent à Saint-« Hilaire-des-Loges. Au commencement du XIIIe « siècle, ces deux formidables citadelles[1] avaient « pour seigneur un cadet de la maison de Lusignan, « Geoffroy. Sa fille aînée, Valence » *(erreur ; c'était la fille de son second fils Guillaume, — P. Marchegay l'a reconnu plus tard* (voir plus loin) « les apporta en « 1248 dans la famille de Parthenay-l'Archevêque, « par laquelle elles ont été possédées pendant près

---

[1] *Vouvent*, aujourd'hui village de 1,331 habitants dans une vallée très pittoresque, possède une magnifique église romane (monument historique) du commencement du XIe siècle, en partie détruite. Sa porte principale, divisée en deux baies, est une merveille de sculpture. Elle est divisée par des faisceaux de colonnes en deux baies secondaires en plein cintre, encadrées par un grand arc orné de feuillages et d'animaux fantastiques. Au sommet de la façade, des sculptures du XVe siècle représentant la scène de l'Ascension. On remarque également à Vouvent un beau donjon cylindrique du XIIIe siècle, dit *Tour de Mélusine*, haut de 30 mètres et entouré des ruines d'un remarquable château du moyen âge qui était défendu par une double enceinte dont les traces sont encore visibles. La ville proprement dite était également murée et entourée d'une douzaine de tours.

Mervent, village de 1,345 habitants. On y remarque sur un rocher abrupt dominant la Mère, les ruines du château qu'assiégèrent Jean-sans-Terre et saint Louis. Les découvertes archéologiques faites dans la forêt indiquent la haute antiquité de Mervent. Cette forêt, la plus belle du Poitou, dépendait autrefois des baronnies de Vouvent et de Mervent, annexes de la grande baronnie de Parthenay et de la Gâtine du Poitou. Elle passa successivement entre les mains des Chabot, des Lusignan, des Parthenay-l'Archevêque, des Richemond, des d'Orléans-Longueville.

« de 200 ans. Geoffroy de Lusignan, à l'exemple
« de la plupart des autres barons, combattit
« alternativement sous les drapeaux du roi d'An-
« gleterre et sous ceux du roi de France. Fait
« prisonnier par le monarque anglais, il n'obtint
« sa délivrance et celle de ses chevaliers que par la
« remise de ses châteaux et en donnant de bonnes
« garanties de sa fidélité pour l'avenir ; mais les
« victoires de saint Louis ne tardèrent pas à
« rendre inutiles les mesures et les précautions
« consignées dans la charte que nous traduisons
« ci-dessous et qui figure à Londres parmi les rôles
« des lettres patentes de Henri III :

— « Henri, roi d'Angleterre, à tous ses fidèles sujets :

« Sachez que nous délivrons Geoffroy de
« Lusignan de notre prison sur sa promesse de
« nous livrer ses châteaux de Vouvent et Mervent ;
« puis cette promesse accomplie, de nous rendre
« hommage et de donner des garanties suffisantes
« fidèle service qu'il doit nous rendre. Nous dé-
« livrons aussi les Chevaliers dudit Geoffroi, à la
« charge par eux de nous donner les mêmes
« garanties de leur fidèle service ; et nous n'exi-
« gerons d'eux tous que celles qu'ils pourront et
« devront raisonnablement fournir.

« Fait en présence du Roi, le 6 juin, xve année
« de son règne. »

Cette année correspond à 1230.

Le recueil *Royal letters of Henri III* (Chronicles of Great Britain during the middle ages, London, 1862, T. I, p. 378) donne une lettre du 27 juin 1230, adressée par G. de Wulward à l'évêque de Clichester, chancelier, dans laquelle il l'informe de ce qu'a fait récemment le Roi, et parle de la libération de Geoffroy de Lusignan (6 juin 1230) et de tous ceux qui avaient été faits prisonniers avec lui par le comte de Bretagne[1]; mais il ne cite pas Aimeri (Emericus de Lezyniaco) comme le fait Rymer. Il écrit :

Tunc etiam commisit Galfridus de Leziniaco domini regi castra sua de Vevent et Merevent in Pictavia, tenenda (quam) diu guerra duraverit... etiam regem Franciæ, et sub alia quadam conditione, quam longum esset enarrare. Et sic liberavit ipsum Galfridus dominus Rex a prisona, et milites suos, et alios cum eo captos per Comitem Britanniæ, *et omnes homagium domino regi fecerunt.*

[1] Pierre de Dreux, surnommé *Mauclerc*, à cause de sa turbulence et de sa mauvaise foi. Il prit part à diverses révoltes et ligues contre la Régente et saint Louis. Par son mariage avec Alix, fille de Guy de Thouars et héritière de la Bretagne, il en devint Comte, puis Duc (1212-1237).
On sait qu'Henri III d'Angleterre fit une nouvelle tentative en 1230 pour ressaisir le Poitou : il débarqua le 5 mai à Saint-Malo (*Royal Letters of Henri III*, 1, 363), à la tête d'une armée, passa à Nantes le 16 mai (*Rymer*, 1, 196) où il resta quelque temps. Il arriva en Saintonge après avoir probablement traversé le Bas-Poitou. Le 18 juillet il était à Pons (*Lettres des Rois et Reines*, par Champollion-Figeac, 1, 46). Le 15 août il convient d'une trêve de 15 jours avec le comte de la Marche, qui avait été forcé de se soumettre à Louis IX. Revenu à Nantes avant le 23 septembre, Henri III ne voulut pas retourner en Angleterre sans laisser des secours, des promesses et des espérances à ses partisans. Il accorda au Duc de Bretagne 400 chevaliers et 100 sergents à cheval)*Rymer*, 1, 198). Le 29 septembre, il écrivit de Redon à Godefroy de Lusignan qu'il allait chercher des secours en Angleterre, mais qu'en attendant il laisse sur le continent le comte de Chester et le comte Mareschal qui, avec le duc de Bretagne, ont mission de continuer la guerre, et auxquels il a enjoint de lui donner le secours dont il aura besoin ; de même qu'il le supplie de vouloir bien apporter son propre concours à ses lieutenants (*Royal Letters of Henri III*, T. 1, p. 378).

On est donc amené à conclure, de l'examen de ces divers textes, que le prisonnier libéré par Henri III en 1230 ne saurait être autre que Geoffroy II la Grand'Dent, et que, de plus, s'il n'y a pas d'erreur dans le texte de Rymer, il aurait eu un frère nommé *Aymar* ou *Aimeri*, dont les généalogistes n'ont pas parlé.

— Nous avons dit plus haut que Paul Marchegay avait fait une erreur au sujet de *Valence*, l'héritière des fiefs de Vouvent et Mervent ; mais il l'a rectifiée plus tard dans les manuscrits qu'il a laissés à la Bibliothèque Nationale (*Nouv. Acq. Françaises, n° 5,040, f° 335 et suiv., Coll°ⁿ Marchegay*). Cette erreur a été reproduite par MM. Beauchet-Filleau dans la 1ʳᵉ édition de leur *Dictionnaire des familles du Poitou* et par plusieurs autres. *Valence* était la *petite-fille* et non la fille aînée de Geoffroy Iᵉʳ de Lusignan, qui n'eût que deux enfants mâles, Geoffroy dit la Grand'Dent, et Guillaume dit de Valence. Ce sont ces deux frères qui persécutèrent les moines de Maillezais. *Valence*, appelée par erreur *Valérie* dans Moreri et La Chenaye des Bois, était fille de Guillaume de Valence et de Marquise de Mauléon, et par conséquent nièce de Geoffroy la Grand'Dent, dont elle hérita, puisque lors de son mariage avec Hugues l'Archevêque, sire de Parthenay, elle lui apporta Vouvent, Mervent, Mouchamp et Soubise. Marquise, sa mère était fille du célèbre *Savary de Mauléon* et de *Belle-Assez* de Pareds. Un accord pour l'exécution du testament de Geoffroy II fut conclu en juin 1250 (*Coll°ⁿ Dupuy, Manuscr. de la Bibl. Nat.*) entre Valence et son mari, d'une part, et les exécuteurs testamentaires G. Fort et Fouque Petit, d'autre part, et la date de cet accord indique bien qu'il s'agit de Geoffroy II la Grand'Dent, décédé en 1248, et non de Geoffroy Ier, décédé avant 1224.

Parmi les documents qui prouvent que Valence était bien la nièce et non la fille de Geoffroy II, on peut citer un acte du 6 juin 1242, imprimé dans les *Layettes du Trésor des Chartes*, T. II, p. 473, où l'on trouve cette indication que Geoffroy n'était que le détenteur, à titre de bail sans doute, et non le possesseur réel de la seigneurie de Soubise, laquelle appartenait à sa nièce (*villam de Soubise quæ est neptis meæ*).

— On trouve dans les manuscrits conservés à la Bibliothèque Nationale un autre intéressant document; le *testament* de Geoffroy la Grand'Dent, daté de 1247 — Benjamin Fillon et plusieurs autres ont répété, après le Père Anselme et Moréri, que Geoffroy était mort sans enfants. Cependant nous verrons plus loin, par un extrait de ce testament, qu'il eût une seconde femme, nommée *Aude*, dont il réserva la dot, et trois enfants (*Arpin, Aaliz et Borgoigne*), à qui il fit des legs; mais ce fut *Valence*, sa nièce, fille de son frère Guillaume, qui hérita des châteaux de Vouvent et Mervent, qu'elle apporta par mariage à Hugues II l'Archevêque, sire de Parthenay, après la mort de Geoffroy la Grand'Dent en 1248. Nous avons dit qu'ils furent chargés tous deux du règlement de la succession avec les exécuteurs testamentaires (acte de 1250).

Le Père Anselme indique bien *Humberge de Limoges* comme une seconde femme de Geoffroy Ier; mais il n'en donne aucune à Geoffroy II. Moréri dit à tort que *Clémence de Châtellerault*, décédée en 1239, fut une seconde femme de Geoffroy Ier[1]. Un document de mai 1225, conservé aux Archives Nationales (*Cartulaire de Saint-Louis*), établit péremptoirement que Geoffroy II (la Grand'Dent) eut d'abord pour femme *Clémence*, vicomtesse de Châtellerault, qu'il épousa en cette même année 1224. Ce document que nous croyons devoir reproduire ci-après, parce qu'il redresse de nombreuses erreurs, est un *aveu* de Geoffroy (II) de Lusignan, seigneur de Vouvent, au roi de France (Louis VIII). Il reconnaît que le Roi l'a reçu en foi et hommage-lige de la vicomté de Châtellerault, à lui advenue à cause de sa *femme Clémence*, fille de Hugues, jadis vicomte de Châtellerault. Il lui fait aussi

---

[1] Cette *Clémence* fut la première femme de Geoffroy II, car, outre le document latin ci-après, Geoffroy confirma par un acte de la même année 1239, le « don que *feue* noble dame *Clémence*, « vicomtesse de Châtellerault, *sa femme*, avait fait à l'abbaye de « Saint-Denis de tout ce qu'elle et ses ancêtres avaient possédé « dans le prieuré de Vaux ». — Et Geoffroy avait, en effet, pris, du chef de sa femme, le titre de vicomte de Châtellerault, dans un autre acte de 1232, cité plus haut, par lequel, avant de partir pour Rome il fait réparation aux religieux de l'Absie pour les dommages et les injures que *son père et lui* avaient fait éprouver à l'abbaye : « A tout ceulx qui ces présentes lettres verront, Geof- « froy de Lusignan, *Vicomte de Châtellerault*, seigneur de Volvent « et Mayrevant, salut, etc. » (*Dom Fonteneau*, 1, 309). — *Thibaudeau*, Hist. du Poitou, II, 483. — Extrait de *Gaignières* (Bib Nat. Manusc. fonds Français, n° 20.690, p. 233). — D'après *Lalanne* (Hist. de Châtellerault, 1839), *Clémence* aurait épousé, en 1244, un autre Geoffroy de Lusignan, *sire de Jarnac* (fils de Hugues X de la Marche) ; c'est une erreur qui a été reproduite par plusieurs auteurs qui de même font de *Valence* une *fille* de Geoffroy II : c'était sa *nièce*.

hommage des autres terres que son père (Geoffroy 1er) tenait du roi Philippe (Auguste). Il déclare que, lorsque le Roi est en Poitou, lui, vicomte de Châtellerault, est obligé de consigner entre ses mains le château de Vouvent pour y mettre la garnison du Roi, et qu'il lui doit être rendu quand le Roi sort de la province; ce qu'il accorde, du consentement du comte de la Marche, seigneur dominant dudit Vouvent. De plus, il a quitté (donné) au roi tout ce que sa femme avait droit de prétendre dans le comté d'Alençon, et il en fera passer acte par sa femme.

« Ego, Gaufridus de Lizegnam[1] notum facio
« universis tam presentibus quam futuris quod
« karissimus dominus meus Ludovicus, Rex Francie, illustris, salvo rachato suo, recepiet me in
« hominem de vicecomitatu Castri Eraudi qui provenit michi ex parte *Clementie uxoris mee*[2], filie
« Hugonis quondam vicecomitis Castri Eraudi
« me predictam. Quam si contigerit sine herede
« decedere, vicecomitatus ille redibit ad heredes
« proximioes, salvo rachato domini Regis. — Et
« sciendam quod nec ego nec alius poterit facere,
« novam fortericiam apud Castrum Eraudi nisi de
« volontate domini Regis. — Et de hoc vicecomitatu teneor, et heredes mei de uxore mea predicta, facere domino Regi et heredibus suis hominagium ligium contra omnes homines. — Et
« feci eidem domino Regi hominagium de alia

[1] Geoffroy II, de Lusignan, dit la Grand'Dent, seigneur de Vouvent.
[2] Clémence de Châtellerault, femme du même Geoffroy II.

« terra quam *pater meus*[1] tenuit de bone memorie
« rege *Philippo* genitore suo[2], quamdiu fuit in ejus
« servitio, et similiter tenentur heredes mei fa-
« cere hominagium de eâdem terrâ domino Regi
« et heredibus suis. Quotiens autem et quando
« dominus Rex erit in partibus Pictavie, teneor
« tradere castrum meum de *Vovent* regi vel man-
« dato suo, ad ponendum in eo garnisionem suam
« quamdiu erit in partibus Pictavie, et, in recessu
« suo rehabebo castrum meum de Vovent.... Et
« sciemdum quod convencionem quam feci de cas-
« tro de Vovent, sicut dictum est, feci de voluntate
« et precepto domini mei comitis Marchie de quo
« teneo castrum Voventi. Quitavi etiam domino
« Regi et heredibus suis in perpetuum quicquid ju-
« ris clamare et habere possem, ex parte dicte
« uxoris mee in toto eo quod tenet dominus Rex
« de toto comitatu Alenconis, et hanc quitacionem
« fieri faciam a dicta uxore mea.

« In cujus rei memoriam et testimonium pre-
« sentem paginam sigilli mei appositione confirmo.
« Actum anno Domini millesimo ducentesimo
« vicesimo quarto, mense Mayo » (Mai 1224),
CARTULAIRE DE SAINT-LOUIS. *Archives Nationales, J J,
31, f° 74, au verso)*[3].

[1] Geoffroy Ier de Lusignan, précédent seigneur de Vouvent.
[2] Philippe-Auguste, que Geoffroy Ier suivit à la 3e Croisade.
[3] Ce document est imprimé dans les *Layettes du Trésor des Chartes*, t. II, p. 31 ; mais c'est par erreur qu'une note indique Geoffroy
de Lusignan, seigneur de Vouvent (signataire de cette charte et
mort en 1248), comme étant un autre Geoffroy de Lusignan, sire
de Jarnac, fils de Hugues X de la Marche et d'Isabelle, qui se
marièrent en 1220. C'est impossible, car ce sire de Jarnac était à
peine né en 1224, lorsque Geoffroy la Grand'Dent signa l'acte ou
aveu ci-dessus. — C'est ainsi que, faute d'attention, les erreurs se
propagent et se perpétuent !

Cet aveu fut le résultat d'un accord préalable conclu à Bourges entre Louis VIII et Geoffroy de Lusignan. Le roi posa les conditions de l'accord dont l'aveu de Geoffroy n'est que la copie presque littérale. L'acte vraiment original est donc la charte de Louis VIII qui se trouve dans *Martène* (Veter. script. ampl. collectio, T. I, p. 1186). Il n'en a été fait mention par aucun des historiens qui ont parlé de *Geoffroy de Lusignan* (dit la Grand' Dent), *sire de Vouvent et Mervent, vicomte de Châtellerault*, en 1224.

— Le testament *intégral* de Geoffroy *la Grand' Dent* ne nous est pas parvenu. Nous n'en avons qu'un extrait et une analyse donnés par Jean Besly, l'historien poitevin, conservés dans les manuscrits de la Bibliothèque Nationale. Geoffroy y désigne certaines terres comme devant fournir pendant un nombre d'années déterminé, de quoi faire des aumônes et payer ses dettes, une fois qu'on aura payé la dot de sa femme et les legs à ses enfants.

Voici, du reste, l'extrait de Besly, avec la traduction en regard :

janvier 1257.

Item volo et præcipio quod de terra mea de Subizia, cum omnibus fructibus et pertinentiis, usque ad duos annos continuos et completos, de consensu et voluntate Hugonis Archiepiscopi domini Partiniaci, qui de hoc tenendo sponta-	Item, je veux et ordonne que de ma terre de Soubise, avec tous ses revenus et ses dépendances, pendant deux années continues et complètes, du consentement et de la volonté de Hugues-L'Archevêque, seigneur de Parthenay, qui a promis

neus fidem dedit, et de Mairevento et Volvento et Muncantorio cum omnibus pertinentiis, redditibus, proventibus et aliis rebus quas ibi habere debeo, usque ad quatuor annos fiant elemosinæ meæ persolventur ; salva tamen dote Audæ, *uxoris meæ*, quæ est C. marcarum annui redditus sicut in carta sua, sibi data et tradita, contenitur.

sous la foi du serment et de sa libre volonté de donner son consentement ; et aussi de mes terres de Mervent, Volvent et Montcontour, avec toutes leurs appartenances et revenus et des autres choses que je dois y avoir, pendant quatre ans, — soient faites mes aumônes et amendes, et que mes dettes soient payées ; réserve faite de la dot de Aude, ma femme, qui est de cent marcs *(d'argent)*, de revenu annuel, comme il est contenu dans la charte à elle donnée et livrée.

Item lego C. libras Arpino, filio meo ; et similiter C. libras Aaliz, filiæ meæ ; et similiter Borgoigne C. libr. in pecunia numerata.

Item, je lègue cent livres[1] à Arpin, mon fils, et aussi cent livres à Aaliz, ma fille ; et aussi cent livres à ma fille Borgoigne, en argent comptant[2].

Eligit sepulturam in ecclesia B. Mariæ de Volvento, coram altare Capellaniæ et instituit ibi unam capellaniam cum quodam Presbitero.

Il a fixé le lieu de sa sépulture dans l'église Notre-Dame de Volvent devant l'autel de la Chapellenie ; et il y a institué une chapellenie desservie par un prêtre.

[1] Au temps de saint Louis, d'après M. de Wailly, la *livre tournois* valait (valeur intrinsèque) 20 fr. 20 centimes. Plus tard, elle baissa beaucoup. A la même époque, le *marc* valait environ 52 fr. En effet, on taillait 58 gros tournois dans un marc, et le gros tournois avait une valeur de 20 fr. 90.

[2] Paul Marchegay a écrit dans ses notes manuscrites que ces enfants étaient probablement des bâtards, parce qu'ils n'héritèrent pas de Vouvent et Mervent ; Geoffroy dit cependant bien *uxoris meæ*, et ces mots s'appliquent plutôt à une femme légitime.

Item, il est fait mention de chapelles à Chevefaye, Faymoreau, Puy-de-Serre, Saint-Michel-le-Clos, Pissot, Antigné, Saint-Maurice-des-Nouhes, la Chastaigneraye, Saint-Pierre du Chemin, Mondenoble.

— Les deux derniers paragraphes sont une analyse de J. Besly, qui a dû voir le testament.

(Bibl. Nat. — Manuscr. Nouv. acq. françaises, n° 5,040, folio 337, collection Marchegay (Poitou). — Et Manuscr. Dupuy. T. 499, f° 74.

— En résumé, Geoffroy *la Grand'Dent*, né vers 1198 et décédé en 1248, était fils d'Eustache Chabot (qu'on a aussi surnommée *Mélusine*), et de Geoffroy Ier de Lusignan (2° fils de Hugues VIII)[1]. Il n'est pas allé aux Croisades comme son père, qui s'y était particulièrement distingué ; mais il a bénéficié de la célébrité de celui-ci, et tous deux ont été confondus dans l'histoire et dans les romans qui racontent leurs prouesses, ainsi que dans les images qui représentent Geoffroy de Lusignan avec une grande dent, un casque à plumes et un brillant costume de guerre.

[1] On peut établir cette généalogie comme suit : Geoffroy Ier, second fils de Hugues VIII et de Bourgogne de Rancon, né vers 1145, décédé vers 1220, devint veuf, vers 1202, d'Eustache Chabot, et épousa vers la même époque Humberge de Limoges, qui lui donna son second fils Guillaume, dit de Valence. Geoffroy II (la Grand' Dent), né de son premier mariage vers 1198 et mort en 1248, avait épousé Clémence de Châtellerault après la mort de Geoffroy Ier. Il n'en eut pas d'enfants ; mais, d'après son testament, une seconde femme, nommée *Aude*, lui donna 3 enfants, à qui il fit des legs, mais qui n'héritèrent pas de ses fiefs. — Guillaume de Valence, né vers 1203, se maria vers 1225 à Marquise de Mauléon et eut un fils, mort en bas âge, et une fille, nommée Valence, qui épousa, en 1248, Hugues-L'Archevêque, sire de Parthenay, et fut héritière de son oncle Geoffroy la Grand'Dent. — On ne peut dresser aucune généalogie offrant plus de certitude ; elle est conforme aux anciens documents, et toute autre se heurte à des textes contraires.

Geoffroy fils a sans doute pris part, en Poitou, aux luttes qu'eut à soutenir son cousin Hugues X de Lusignan, comte de la Marche (*Vouvent* était un fief de ce comté), et il fut même fait prisonnier d'Henri III d'Angleterre ; mais il est surtout connu par les violences qu'il exerça contre l'abbaye de Maillezais, et que son père avait commencées avant lui. Il les redoubla au point d'en expulser les religieux, et même d'incendier l'abbaye. D'un caractère sauvage et emporté, il n'aimait pas les moines et exigeait leur soumission entière, en vertu d'un droit d'*avouerie* (protectorat) qu'il prétendait tenir de sa mère, Eustache Chabot. Les Chabot, précédents seigneurs de Vouvent, avaient toujours eu des contestations avec le monastère à ce sujet, et le roi de France (Louis VII) avait dû, par un arrêt du 2 février 1151, déclarer Maillezais complètement libre de toute juridiction et de tout protectorat. Geoffroy se réconcilia plus tard avec l'abbaye, non sans avoir été d'abord excommunié, puis absous par le Pape à Spolète, le 15 juillet 1232.

Quant à la *grande dent*, elle a probablement été exagérée, sinon inventée, par les romanciers et les peintres. On a cependant prétendu que cette singularité, plus ou moins prononcée, avait été remarquée chez plusieurs descendants de la famille des Lusignan, et cela permettrait de penser que l'un des Geoffroy pouvait être porteur d'une de ces dents extraordinaires. On en a du reste gratifié Geoffroy Ier dans plusieurs écrits relatifs aux Croisades

[1] M. le Cte de Mas-Latrie a écrit dans son *Histoire de l'île de Chypre* (t. 1. p. 8) : « Geoffroy de Lusignan, célèbre depuis sous le « nom de Geoffroy à la Grand'Dent, vassal du roi d'Angleterre, à

en le confondant avec son fils qui est plus particulièrement appelé *la Grand'Dent* par les historiens du Poitou et les généalogistes : Moréri, le père Anselme et autres. Quoi qu'il en soit, Jehan d'Arras, dans son roman de Mélusine (1387), a choisi un Geoffroy de Lusignan comme type de cette anomalie, dont il avait pu entendre parler (s'il ne l'a pas inventée), et il l'a accentuée pour rendre son héros plus remarquable dans la guerre et vis-à-vis des moines de Maillezais. Il a, en même temps, mêlé l'histoire du père à celle du fils, d'autant plus facilement qu'ils avaient tous les deux persécuté les mêmes religieux. Rabelais vint ensuite rappeler la *Grand'Dent* en visitant l'abbaye, et plus tard Claude Vignon et d'autres artistes, inspirés par ces récits, l'ont représenté avec cette espèce de défense de sanglier qui lui *sailloit de la bouche plus d'ung pouce*, dit le roman. L'un d'eux y a même ajouté en légende ce vers de Virgile, applicable plutôt à Geoffroy 1er, célèbre, en effet, par ses succès militaires : *Insignis fama et felicibus armis* (Enéide, liv. VII, v. 745).

.

« cause de ses seigneuries du Poitou, s'était joint à son frère Guy « (1191) au siège de Saint-Jean d'Acre. » — Le même auteur (*Trésor de Chronologie*, p. 1631) indique encore Geoffroy 1er, comte de Jaffa, comme le seigneur à la *Grand'Dent*.

Geoffroy la Grand'Dent.

IV

LES ROIS DE JÉRUSALEM ET DE CHYPRE

V

LES ROIS DE JÉRUSALEM ET DE CHYPRE

(de la Maison de Lusignan)

ROIS DE JÉRUSALEM

Avant de parler de Guy de Lusignan, comme roi de Jérusalem, nous dirons quelques mots de ses prédécesseurs immédiats. Amaury Ier, qui régna de 1162 à 1173[1], fut continuellement en guerre avec le célèbre Saladin, qui devait ruiner la domination latine dans la Terre Sainte. Amaury Ier avait épousé Agnès de Courtenay, dont il eut deux enfants, un fils qui lui succéda sous le nom de Baudouin IV, et une fille nommée Sybille. Il épousa en secondes noces Marie Comnène, dont il eut une fille appelée Isabelle.

Baudouin IV, surnommé le Lépreux, couronné en 1173 dut également lutter contre Saladin. Sa sœur Sybille épousa d'abord Guillaume de Montferrat, dont elle eut un fils nommé Baudouin, et

---

[1] Prédécesseurs d'Amaury 1er au trône de Jérusalem :
Godefroy de Bouillon, — de juillet 1099 à juillet 1100.
Baudouin Ier, — de décembre 1100 à mars 1110.
Baudouin II du Bourg, — de Pâques 1118 à août 1131.
Foulques, d'Anjou, — de septembre 1131 à novembre 1144.
Baudouin III, — de décembre 1144 à février 1162.

Guillaume étant mort, elle se remaria à Guy de Lusignan. Baudouin IV mourut en 1184 et son neveu Baudouin V, qui devait lui succéder, étant mort à l'âge de 7 ans, en 1185, Guy de Lusignan fut appelé au trône de Jérusalem (15 septembre 1186) par le crédit de la princesse Sybille, sa femme. Saladin vient bientôt l'attaquer, et une grande bataille, qui dura trois jours (mai 1187) eut lieu à Tibériade.

La défaite des chrétiens y fut complète. Le 8 juillet suivant, Saladin prit Saint-Jean d'Acre, et le 4 septembre Ascalon et Jérusalem. Il ne restait plus alors aux chrétiens qu'Antioche, Tyr et Tripoli. Au mois d'août 1189 Guy de Lusignan reprit, l'offensive et commença le siège de Saint-Jean d'Acre qui dura deux ans et auquel vinrent prendre part Philippe-Auguste et Richard Cœur-de-Lion. La place se rendit le 13 juillet 1191, mais, Richard ayant conclu avec Saladin une trêve de 3 ans, Jérusalem fut abandonnée. La reine Sybille était morte en 1191, ainsi que les enfants qu'elle avait eus de Guy de Lusignan. Celui-ci, dépossédé de ses États, abandonna le titre de roi de Jérusalem et Richard, pour le dédommager, lui donna le royaume de Chypre qu'il avait conquis avant d'arriver à Saint-Jean d'Acre.

En 1192, Conrad de Montferrat qui avait épousé Isabelle, sœur de Sybille. devint roi de Jérusalem, mais il fut assassiné la même année à Tyr. Henry de Champagne lui succéda sans prendre le titre de roi. Il résidait à Saint-Jean d'Acre, où il mourut en 1197.

Amaury II de Lusignan était roi de Chypre lors de l'assassinat de Conrad de Montferrat, en 1192. L'année suivante il épousa sa veuve (fille d'Amaury Ier) et fut couronné roi en 1205. Il mourut à Saint-Jean d'Acre.

Marie, fille d'Amaury II, hérita du titre de reine de Jérusalem, et le roi Philippe Auguste lui fit épouser Jean de Brienne. En 1222, celui-ci maria sa fille Yolande à l'empereur Frédéric d'Allemagne qui prit le titre de roi de Jérusalem. En 1229, Jean fut nommé empereur de Constantinople, mais il mourut en 1337 et l'Empire latin fondé en 1284, demeura sans soutien. Les rois de Chypre et de Naples, les marquis de Montferrat et beaucoup d'autres princes, prirent le vain titre de Roi de Jérusalem, et en 1291, Saint-Jean d'Acre, la seule place qui resta aux Chrétiens, tomba au pouvoir des Musulmans.

ROIS DE CHYPRE

Nous avons vu précédemment que longtemps avant l'époque où Guy de Lusignan vint fonder dans l'île de Chypre une dynastie de rois, qui eut une longue et glorieuse durée, ses ayeux s'étaient illustrés aux Croisades. Hugues VI, sire de Lusignan, fit le voyage de la Terre-Sainte, assista le 26 mai 1102 à la bataille de Ramleh où il fut fait prisonnier ; Hugues VII accompagna le roi Louis le Jeune dans sa croisade, et Hugues VIII, obéissant aussi à cette impulsion, conduisit au secours de la Syrie les croisés du Poitou et de l'Aquitaine. Il fut fait prisonnier à la bataille de Harenc, le 13 août 1164. Deux de ses fils, Guy et Amaury de Lusignan, l'avaient accompagné et ne devaient plus quitter l'Orient. On ne connaît pas le détail de leurs actions pendant les premières années de leur séjour en Syrie ; mais Baudoin le Lépreux, monté sur le trône de Jérusalem en 1174, avait été séduit par la bonne mine et la valeur de Guy et nous avons dit qu'il lui fit épouser (1179) sa sœur aînée, la princesse Sybille, qui apportait en dot les comtés de Jaffa et d'Ascalon. Cette alliance excita la jalousie des principaux seigneurs ; elle fut la cause de prospérités rapides, mais aussi des malheurs de la vie de Guy de Lusignan. Il ne put en effet se maintenir au trône de Jérusalem après la bataille de Tibériade, et il accepta de Richard Cœur de Lion la souveraineté de l'île de Chypre. Il s'y rendit en 1192, accompagné de 300 gentils-hommes, 200 écuyers et environ 2,500 fantassins ; mais les difficultés qu'il rencontra dans l'administration de cette île abrégèrent ses jours ; il y perdit sa femme et ses enfants et mourut lui-même en 1194.

Guy de Lusignan, veuf et sans enfants, avait désigné pour lui succéder son frère Geoffroy, dont la renommée en Palestine était devenue grande, mais celui-ci, désireux de retourner en Poitou, s'empressa de transmettre ses droits à leur autre frère, Amaury, qui avait été pourvu de la connétablie de Jérusalem, à l'époque du couronnement de son frère Guy. Un règne de deux ans n'avait permis à celui-ci que d'ébaucher la constitution de son royaume. Amaury avait les qualités nécessaires pour achever et parfaire cette œuvre. Il a laissé la réputation d'un homme doué d'aptitudes supérieures, d'un esprit prévoyant et ferme et qui aurait pu rétablir le royaume de Palestine si les événements l'eussent secondé. Il obtint de la cour de Rome de créer un archevêché à Nicosie et trois évêchés à Paphos, Limisso et Famagouste. Il régla les offices des tribunaux, la cour des bourgeois et les prérogatives des principales familles de noblesse établies dans l'île ; puis, s'étant selon l'usage fait investir par l'Empereur d'Occident, Henri VI, il fut couronné roi de Chypre, en septembre 1197, par un évêque envoyé à cet effet.

Amaury, qui avait épousé Echive d'Ibelin, en eut trois fils Guy, Jean et Hugues. Devenu veuf, il se remaria à Isabelle après la mort d'Henri de Champagne, son mari, et fut couronné roi de Jérusalem en 1198 : ce fut Amaury II. Mais le royaume latin n'était plus que l'ombre de lui-même. Jérusalem était toujours aux mains des infidèles et le royaume se réduisait aux villes de Tyr, Antioche, Saint-Jean d'Acre, Jaffa et Sidon. Amaury reprit Beyrouth et renouvela une trêve de cinq ans avec Malek-Adel. Il mourut en 1205 âgé de soixante ans et en ayant passé plus de vingt-huit en Orient depuis son départ de Basse-Marche.

LUSIGNAN (HUGUES I DE), succéda à son père au trône de Chypre, mais non à celui de Jérusalem qui revenait à Marie de Montferrat, l'aînée des filles de la reine. Hugues n'avait que dix ans et, comme sa jeunesse le rendait inhabile à régner, il reçut pour baile ou régent Gautier de Montbéliard, son beau-frère. Les historiens ont diversement jugé ce régent, que les uns représentent comme un seigneur avare et dur, et les autres comme un esprit droit et exempt de faiblesses envers son royal pupille. Mais ses ennemis s'empressèrent de le rendre odieux à celui dont il était le guide. Le jeune roi fut marié en 1208, à l'âge de treize ans, avec ALIX DE CHAMPAGNE, fille que la reine Isabelle avait eue de son troisième mari, et deux ans après il prit les rênes de l'État. C'était, paraît-il, un prince emporté et violent, mais dont la colère ne durait pas, et qui se plaisait dans la société des chevaliers. Le roi de Jérusalem, Jean de Brienne, son proche allié, trouva, en lui un courageux auxiliaire dans sa lutte désespérée contre les infidèles, lors de la 5e Croisade, commandée par le roi de Hongrie ; mais la famine se mit dans l'armée ; des querelles engendrèrent des divisions et on apprit tout à coup que le roi de Chypre était mort, que celui de Hongrie rentrait dans ses États, et que l'infortuné souverain de Palestine, avec les seigneurs latins, se retirait dans les places du littoral. C'était en 1218, et Hugues avait à peine vingt-huit ans. Sa femme vécut après lui jusqu'en 1246. Elle lui avait donné trois enfants :

MARIE, qui fut mariée en 1233 à GAUTHIER DE BRIENNE, comte de Jaffa, neveu du roi Jean de Brienne.

ISABELLE, qui épousa vers le même temps HENRI D'ANTIOCHE, dont elle eut Henri, qui fut la tige de la seconde dynastie des rois de Chypre (*Maison d'Antioche-Lusignan*).

Et HENRI, DE LUSIGNAN.

LUSIGNAN (HENRI I DE), roi de Chypre et plus tard seigneur de Jérusalem, était né en 1217 et n'avait que neuf mois quand il perdit son père. Sa mère, nommée tutrice et baile du royaume pendant sa minorité, associa Philippe d'Ibelin, son oncle, au pouvoir comme régent.

Dès la première année de ce règne, le roi de Jérusalem, Jean de Brienne, suivant le plan d'Innocent III, résolut d'attaquer la puissance musulmane au cœur même de l'Egypte et vint mettre le siège devant Damiette. Un corps de chevaliers cypriotes, sous les ordres du connétable, prit part à l'expédition, et les historiens rapportent que ce furent eux qui décidèrent le sort de la victoire à la suite de laquelle la ville fut emportée par les chrétiens (15 novembre 1219) ; mais quelques mois plus tard, l'armée victorieuse était détruite par l'inondation des vallées où elle avait assis son camp ; il fallut signer une trêve pour sauver les débris de la Croisade et rentrer en Syrie en toute hâte. Devenu veuf et sans enfants de sa première femme Alix de Montferrat, Henri épousa en 1237 Stéphanie d'Arménie, sœur du roi Haïton Ier.

En 1246, en l'absence du roi Conrad, fils et héritier de Frédéric, le choix des Grands lui confia la seigneurie de Jérusalem, et il apprit bientôt que le roi de France, Louis IX, préparait une nouvelle Croisade. En effet, la flotte royale embarquée à Aigues-Mortes, le 25 août, vint débarquer en Chypre le 27 septembre 1248. D'immenses approvisionnements l'y attendaient, et lorsque, après l'hiver, l'armée chrétienne reprit la mer, pour aller assiéger Damiette, Henri de Chypre se trouva prêt à l'accompagner avec deux mille chevaliers, dont mille du royaume de Chypre et mille de celui de Jérusalem. Dix-huit cents navires qui couvraient la mer de voiles blanches parurent le 4 juin 1249 dans les eaux d'Égypte, et aussitôt le siège commença ou plutôt l'assaut, car dès le dimanche 6, saint Louis faisait son entrée solennelle dans la ville, accompagné du roi Henri.

Après ce premier succès, qui avait coûté la vie au comte de la Marche, son parent, le roi de Chypre rentra chez lui, laissant sa petite armée sous les ordres de Baudouin d'Ibelin, son sénéchal. Il craignait sans doute en son absence quelque surprise des Musulmans de Palestine, et eut bientôt la douleur d'apprendre que la fougue inconsidérée des chevaliers d'Europe avait encore compromis le sort de la Croisade à Mansourah et que son chef était prisonnier.

Devenu veuf pour la seconde fois et sans enfants, il épousa en troisièmes noces, au mois de septembre 1250, Plaisance d'Antioche, fille de Bohémond V. Il eut un fils de ce dernier mariage et mourut à Nicosie le 18 janvier 1253, laissant :

LUSIGNAN (Hugues II de), roi de Chypre et seigneur du royaume de Jérusalem, qui n'avait que quelques mois quand son père mourut. Conformément à l'usage, sa mère Plaisance fut reconnue par les chevaliers cypriotes en qualité de tutrice.

et comme Conradin, fils de Conrad, roi légitime de Jérusalem, ne montrait pas plus d'empressement que son père à quitter l'Occident, pour venir réclamer les prérogatives et les charges de la couronne, la haute cour de Palestine renouvela en faveur du jeune Hugues et de sa mère la cérémonie de l'investiture de cette seigneurie.

Pendant ce temps, le roi saint Louis, tombé au pouvoir des Sarrazins, après la bataille de Mansourah, avait pu recouvrer sa liberté moyennant la cession de Damiette, en avril 1250. Il était passé en Palestine et s'occupait depuis trois ans à réparer les principales places de ce royaume, lorsque la nouvelle de la mort de sa mère le força à rentrer en France au printemps de 1254. On s'empressa de conclure une trêve avec les ennemis pour dix ans, dix mois et dix jours. Mais la reine Plaisance, que les contemporains représentent comme une femme pleine d'énergie, mourut en 1261, et la couronne retomba aux mains d'un enfant à peine âgé de neuf ans. Il fallut encore choisir un tuteur au jeune prince; Hugues d'Antioche, son cousin, fut unanimement désigné. Les seigneurs cypriotes fondaient de grandes espérances sur le dernier rejeton mâle de leurs rois, et on s'occupa avec un grand zèle de son éducation, car il paraît que ce fut pour lui que le docte saint Thomas d'Aquin composa son livre *De Regimine principum*. Mais une mort prématurée détruisit toutes ces espérances et enleva Hugues II le 5 décembre 1267, avant qu'il eût atteint sa majorité.

En lui s'éteignait la filiation masculine des Lusignan de Chypre ; car il ne restait pas un seul parent mâle issu directement de cette illustre race : mais comme des princesses, filles d'Amaury et de Hugues Ier, avaient créé des alliances et apporté des droits héréditaires dans les familles d'Antioche, de Brienne, d'Arménie et de Montbéliard, Hugues d'Antioche, l'un d'eux, qui était déjà baile de Chypre, recueillit la succession de Hugues II, prit le nom de Lusignan, et fonda la deuxième maison royale de Chypre sous le nom d'Antioche-Lusignan[1]. Celle-ci régna encore sur l'île avec un certain éclat jusqu'en 1489.

Cette branche substituée a fourni douze souverains à Chypre :

Hugues III (1267-1284), roi de Jérusalem en 1269.
Jean Ier (1264-1286), roi de Jérusalem.

---

[1] Il existe quelques monnaies des Rois de Jérusalem et de Chypre aux noms de Baudouin IV, Guy de Lusignan, Henry de Champagne, Amaury II et Jean de Brienne — Guy de Lusignan a fait frapper monnaie comme roi de Jérusalem — Il existe dans la riche collection du Duc de Furstenberg à Donaueschingen deux deniers de billon très rares dont voici la description :

† REX GVIDO D, entre deux grénetis ; dans le champ la tête de face de Guy de Lusignan. R. † E IERVSALEM, entre deux grénetis ; dans le champ, un édifice. On voit que la légende se continue du droit au revers.

Guy de Lusignan étant le seul prince de ce nom qui ait porté le titre de Roi de Jérusalem, il ne peut y avoir d'incertitude dans l'attribution de ces précieuses pièces de monnaie.

Pour Amaury II, trois monnaies ont été signalées : au Cabinet de France, et dans les collections de MM. de Caldavène et du Duc de Furstenberg. Les deux premières portant :

† AMALRICVS RE, entre deux grénetis ; croix cantonnée d'un besant aux 2e et 3e cantons. R. † DE IERVSALEM, entre deux grénetis ; dans le champ, un édifice. Billon —La troisième pièce est de cuivre pur et très épaisse : AMALRICVS REX, entre deux grénetis ; dans le champ, une croix cantonnée d'un besant aux 2e et 3e cantons, R. DE IERVSALEM, entre deux grénetis ; dans le champ, un édifice.

Henri II (1286-1324), roi de Chypre et de Jérusalem.

Hugues IV (1324-1369), roi de Chypre et de Jérusalem.

Pierre Ier (1369), assassiné le 18 janvier 1369.

Pierre II (1369-1382), fils du précédent, meurt sans enfants.

Jacques Ier (1382-1398), fils de Hugues IV — Roi d'Arménie en 1391.

Janus de Lusignan, fils du précédent (1398-1432).

Jean II, roi de Chypre, de Jérusalem et d'Arménie (1432-1458).

Charlotte de Lusignan, sa fille, reine 1458 à 1461), épouse en secondes noces Louis de Savoie, comte de Genevois, cède ses droits en 1485 à Charles Ier, duc de Savoie. Jacques II, fils naturel de Jean II expulsa Charlotte et épousa Catarina Cornaro, patricienne de Venise, qui après la mort de Jacques II gouverna comme régente sous son fils Jacques III (1473-1475).

Catherine Cornaro, reine de Chypre, de Jérusalem et d'Arménie 1473-1478).

Restée sans enfants, Catherine Cornaro céda Chypre aux Vénitiens en 1489[1] sous réserve de sa fortune privée et vint terminer ses jours en Italie. L'exemple de substitution de nom donnée par cette branche féminine de l'illustre Maison de Lusignan, fut suivi par ses divers rameaux, et jus-

---

[1] Deux ans avant sa mort Catherine Cornaro avait cédé tous ses droits au duc Charles de Savoie. C'est depuis lors que les Souverains du Piémont ont ajouté à leurs anciens titres ceux de Rois de Jérusalem, de Chypre et d'Arménie qu'on lisait encore de nos jours sur leurs actes et sur leurs monnaies.

qu'à ces derniers temps on trouvait des Lusignan possessionnés dans l'île de Chypre.

Durant quelques années, au XIVe siècle, une branche des Lusignan de Chypre occupa le trône d'Arménie en la personne de *Jean*, dit Constantin III, fils d'Isabelle, fille elle-même du roi Léon III, et épouse d'Amaury de Lusignan, frère de Henri II, roi de Chypre. Il fut tué la même année et eut pour successeur son frère *Jean*, tué également deux ans plus tard. De 1344 à 1362, règne Constantin IV, fils du maréchal du royaume, Baudouin, qui descendait, croit-on de Léon III. — Léon VI, probablement fils de Constantin IV, règne jusqu'en 1374 ; à cette date il est battu et fait prisonnier par les Mamelucks d'Egypte, et incarcéré au Caire ; délivré en 1382, il se retire d'abord en Espagne, où il devient seigneur de Madrid, puis en France, où Charles VI le pensionne, et où il meurt au couvent des Célestins de Paris, en 1393. Sa femme lui survit jusqu'en 1401. — Le titre de roi d'Arménie fut également porté par les rois de Chypre depuis 1368 jusqu'à Catarina Cornaro.

— On a quelquefois rattaché aux Lusignans du Poitou les Lusignans de l'Agenais, mais sans donner d'autre preuve à l'appui que l'identité des armoiries. Le Marquis de Lusignan de l'Agenais, descendant des Xaintrailles, dont le dernier représentant fut *Arnaud* François Maximilien, né à Toulouse en 1783, mort à Paris en 1844, servit dans l'armée impériale et fut député de Nérac, puis pair de France (1839) — On cite deux autres Marquis de Lusignan ; le premier (1753-1815), député de la noblesse de Paris aux Etats-Généraux, émigré, fit le commerce à Hambourg, puis à Paris, où il rentra après le 18 brumaire. Le second 1764-1820) servit dans l'armée autrichienne, fut pris en 1792, puis à Novi, et deux fois échangé ; il se fixa en Autriche.

(Voir aussi aux appendices).

Tableaux généalogiques des Rois de Jérusalem et des Rois de Chypre (de la maison de Lusignan).

Rois de Jérusalem :

Antérieurement aux Lusignans
- Godefroy de Bouillon, juillet 1099-juillet 1100.
- Baudouin Ier, déc. 1100-mars 1118.
- Baudouin II du Bourg. Pâques 1118-août 1131.
- Foulques d'Anjou, sept. 1131-nov. 1144.
- Baudouin III. déc. 1144-février 1162.
- Amaury Ier, février 1162-juillet 1173.
- Baudouin IV. juillet 1173-mars 1185.
- Baudouin V, mars 1185-sept. 1185
- Guy de Lusignan, sept. 1185 à 1192.

(Jérusalem tombe au pouvoir des Musulmans en 1187).

- Conrad de Montferrat, 1192.
- Henri de Champagne, de 1192 à 1197,
- Amaury II. de 1198 à avril 1205
- Marie, de 1205 à 1210.
- Jean de Brienne, de 1210 à mars 1237.

Rois de Chypre :

(LUSIGNANS DIRECTS)

Rois :

1 Guy, seigneur de Chypre, 1192-1194.

2 Amaury
- seigneur de Chypre, 1194
- roi de Chypre, 1196
- roi de Jérusalem, 1198

1205.

3 Hugues Ier, roi de Chypre, 1205-1218.
   Gautier de Montbéliard, régent, 1205-1211.
4 Henri Ier, roi de Chypre, 1218-1253.
   Alix, Philippe d'Ibelin, Jean d'Ibelin, successivement régents, 1218-1232.
5 Hugues II, roi de Chypre, 1253-1267.
   Plaisance, régente, 1253-1261.
   Hugues d'Antioche, régent, 1261-1267.

Branche des Lusignans d'Antioche.

6 Hugues III { roi de Chypre, 1267 / roi de Jérusalem, 1269 } 1284.
7 Jean Ier, roi de Chypre et de Jérusalem, 1284-1285.
8 Henri II, roi de Chypre et de Jérusalem, 1285-1324.
   Amaury, prince de Tyr, gouverneur, 1304-1310.
9 Hugues IV, roi de Chypre et de Jérusalem, 1324-1359.
10 Pierre Ier, roi de Chypre et de Jérusalem, 1359-1369.
11 Pierre II, roi de Chypre et de Jérusalem, 1369-1382.
   Jean, prince d'Antioche, régent, 1369-1372.
12 Jacques Ier, roi de Chypre et de Jérusalem, 1382
         et roi d'Arménie, 1392 } 1398.
13 Janus, roi de Chypre, de Jérus. et d'Arménie, 1398-1432.
14 Jean II, roi de Chypre, de Jérus. et d'Arménie, 1432-1458.
15 Charlotte et Louis de Savoie, roi de Chypre, de
         Jérusalem et d'Arménie, 1458-1464.
16 Jacques II, roi de Chypre de Jérus. et d'Arm., 1464-1473.
17 Jacques III, roi de Chypre, de Jérus. et d'Arm., 1473-1475.
   Catherine Cornaro, régente, 1473-1475.
18 Catherine Cornaro, reine de Chypre, de Jérusalem.
         et d'Arménie, 1475-1489

V
APPENDICES

V

APPENDICES

Extrait de la Chronique de la *Revue du Bas-Poitou* du 2ᵉ trimestre 1895, p. 250.

Nous lisons dans le dernier *Bulletin de la Société Nationale des Antiquaires de France* (procès-verbaux des séances) :

Séance du 6 mars 1895. — M. Prou, membre résidant, communique au nom de M. Farcinet, associé correspondant, la note suivante :

« Les anciennes chroniques, plusieurs historiens et le roman de *Mélusine* parlent d'un seigneur du moyen-âge, Geoffroy de Lusignan, dit la *Grand'Dent*, qui est devenu légendaire en Poitou. L'identité de ce personnage, presque romantique, était restée longtemps douteuse. M. le comte de Mas-Latrie l'avait confondu avec son père[1], qui se distingua aux Croisades en 1191, et joua un rôle assez important dans les guerres dont le Poitou fut le théâtre sous Philippe-Auguste et ses successeurs. MM. Beauchet-Filleau, dans leur *Dictionnaire des anciennes familles du Poitou*[2], n'ont pas établi clai-

---

[1] *Histoire de l'île de Chypre*, t. I. p. 8. — *Trésor de chronologie*, p. 1631.
[2] T. II, *Lusignan*, branche de Vouvent.

rement sa généalogie, et plusieurs autres auteurs ont répété beaucoup d'erreurs à son sujet.

Il résulte de documents conservés aux manuscrits de la Blibliothèque nationale, ainsi qu'aux Archives, et surtout d'un *aveu* de 1224, consigné dans le Cartulaire de saint Louis, que Geoffroi I*er* de Lusignan, père de Geoffroy II, dit la Grand' Dent, était mort à cette date de 1224. Geoffroy II ne mourut qu'en 1248, et c'est lui qui, avec son frère Guillaume de Valence, persécuta les moines de Maillezais en 1225 et années suivantes, et incendia l'abbaye. C'est à lui que Jehan d'Arras, dans son roman de *Mélusine* (composé en 1387), fait allusion sous le nom de *Grand'Dent*, qu'il a conservé depuis. — Dans cet aveu de 1224, Geoffroy de Lusignan, seigneur de Vouvent, reconnaît que le roi (Louis VIII) l'a reçu en foi et hommage-lige de la vicomté de Châtellerault, à lui advenue à cause de sa femme Clémence, fille de Hugues, jadis vicomte de Châtellerault. Il lui fait aussi hommage des autres terres que son père (Geoffroy I*er*) tenait du roi Philippe (Auguste), etc. (*Archives Nat.* J J 31, fol. 74, au verso.)

C'est donc aussi à tort que *Moreri* indique Clémence de Châtellerault comme une seconde femme de Geoffroy I*er* et que le *Père Anselme* n'en donne aucune à Geoffroy II. Ces erreurs ont été répétées par tous les autres généalogistes.

En résumé, Geoffroy la Grand'Dent, né vers 1198 et décédé en 1248, était fils d'Eustache Chabot[1] une des prétendues *Mélusines* et de Geoffroy I*er* de

---

[1] Bibl. Nat., *Manus.*, Coll. Dupuy, T. 805, fol. 69.

Lusignan (2ᵉ fils de Hugues VIII), qui se distingua à la troisième croisade. Il a bénéficié de la célébrité de son père, et tous deux ont été confondus dans l'histoire et dans les romans qui racontent leurs exploits. Geoffroy II prit part aux luttes qu'eut à soutenir son cousin Hugues X de la Marche, et il fut même fait prisonnier d'Henri III d'Angleterre[1] ; mais il est surtout connu par les violences qu'il exerça contre l'abbaye de Maillezais et qui lui firent donner le surnom de *Grand'Dent*. »

— Nous avons vu avec plaisir deux lettres de félicitations adressées à notre érudit collaborateur M. Charles Farcinet, par MM. Léopold Delisle et de Mas-Latrie, membres de l'Institut, au sujet de son dernier article sur Geoffroy de Lusignan, paru dans cette Revue. Le premier dit : « *J'ai lu avec un véritable plaisir votre dissertation sur Geoffroy de Lusignan. Vous me paraissez avoir débrouillé d'une façon très heureuse la généalogie d'une branche de la maison de Lusignan, et fixé la place que doivent occuper dans cette généalogie les deux Geoffroy mêlés aux luttes des rois de France contre Jean-sans-Terre et Henri III.* »
— M. de Mas-Latrie écrit qu' « *Il se range tout à fait à l'opinion de notre collaborateur.* »

Ces deux témoignages sont d'autant plus précieux pour M. Farcinet qu'ils émanent de savants très compétents pour apprécier la question. M. de Mas-Latrie est, en effet, l'auteur d'une remarquable *Histoire de l'île et des rois de Chypre,* et M. Léopold Delisle, d'une généalogie des *Comtes de la Marche* (2ᵉ branche), qui sont de la famille de Lusignan.

---

[1] Rymer, Fœdera, T. I, p. 113. — *Royal letters of Henri III*, T. I, p. 378.

— *Autre communication relative à Hugues IX, Comte de la Marche.*

Extrait des procès-verbaux de la *Société Nationale des Antiquaires de France*.

Séance du 29 avril 1896. — M. Charles Farcinet, associé correspondant national, fait la communication suivante :

« A l'occasion de mon étude sur Geoffroy de Lusignan, dit *la Grand'Dent*, qui, l'année dernière, a fait l'objet d'une communication à la *Société des Antiquaires de France*, j'ai reçu de M. Léopold Delisle, à qui ce personnage n'est pas inconnu, l'aimable lettre citée plus haut, et cette haute approbation m'a engagé à continuer mes recherches sur l'ancienne famille de Lusignan, dont la généalogie laisse beaucoup à désirer, et sur laquelle les historiens sont loin d'être d'accord. M. le comte de Marsy, président de la Société française d'archéologie, a écrit, dans la *Revue du Bas-Poitou*[1], que rien ne lui paraissait plus hypothétique que de faire descendre des Hugues de Lusignan, Geoffroy Ier, père de Geoffroy II. Cependant tous les auteurs sont d'accord pour reconnaître que Geoffroy Ier était le deuxième fils de Hugues VIII de Lusignan, marié à Bourgogne de Rancon ; qu'il se distingua et secourut son frère Guy au siège de Saint-Jean-d'Acre (1191) ; que celui-ci, devenu roi de Chypre, après l'avoir été de Jérusalem, avait d'abord désigné Geoffroy pour lui succéder, mais que, sur son refus, motivé par son désir de revenir en Poitou, ce fut son autre frère Amaury qui rem-

[1] Année 1894, p. 494.

plaça Guy (*Histoire de l'île de Chypre*, par le comte de Mas-Latrie).

Il paraissait donc utile d'établir clairement la généalogie des seigneurs de Lusignan et des comtes de la Marche, et c'est ce que je me suis proposé de faire plus haut et dans la *Revue du Bas-Poitou* (2ᵉ trimestre 1896). — Avant Hugues VIII, nous connaissons peu de chose sur les autres membres de cette illustre famille. Comme je l'ai dit précédemment, leur histoire est très obscure et remplie de leurs démêlés avec les ducs d'Aquitaine et les premiers seigneurs de la Marche, dont ils finirent par absorber le comté, malgré les prétentions des rois d'Angleterre, qu'ils appuyèrent ou combattirent suivant les circonstances. Ce fut Hugues VI de Lusignan, dit *le Diable* (1060-1110) qui commença cette guerre de la succession de la Marche, à laquelle il se prétendait des droits par sa mère *Almodis*, fille de Bernard, comte de la Marche ; mais cette guerre n'aboutit que bien plus tard (en 1199) à la conquête définitive du comté pour ses descendants.

Hugues VIII, sire de Lusignan de 1148 à 1173, et dit *le Brun* ou *le Vieux*, est signalé aux Croisades en 1163 par Guillaume de Tyr, « *Hugo de Leziniaco qui cognomitus est Brunus* (XIX, viii, p. 894). » Fait prisonnier à la bataille de Harenc en 1164, il ne revint en Poitou qu'en 1171. En son absence, ses fils Hugues, Geoffroy, Guy et Amaury prirent part à l'insurrection des barons d'Aquitaine contre Henri II d'Angleterre, et en avril 1168 le comte Patrice de Salisbury fut tué dans une rencontre avec Geoffroy de Lusignan.

Hugues, dit aussi *le Brun*, fils aîné de Hugues VIII, mourut en 1169, et son père lui survécut. C'est un fait important à constater pour la généalogie. A la mort de son frère, Geoffroy revendiqua ses droits sur le comté de la Marche et l'administra de fait au milieu des compétitions anglaises jusqu'à son départ pour la croisade vers 1185.

Hugues IX de Lusignan, (né avant le 12 novembre 1166), n'était donc pas le fils de Hugues VIII. Cette erreur a été reproduite par tous les généalogistes. Il était fils de Hugues, l'aîné des fils de Hugues VIII, et par conséquent *petit-fils* de ce dernier. Cela résulte de plusieurs actes du cartulaire de l'abbaye des Châtelliers (Collection de dom Fonteneau, aux manuscrits de la Bibliothèque nationale) établissant que Hugues, fils de Hugues VIII et frère de Geoffroy, mourut en 1169 (avant son père et que ce fut un fils de cet Hugues qui, sous le nom de Hugues IX, remplaça son grand-père Hugues VIII. En effet, en 1171, un Hugues de Lusignan (Hugues VIII) confirme les dons faits à l'abbaye des Châtelliers par son père Hugues VII; en 1218, un autre Hugues de Lusignan (Hugues IX) confirme « *donum A VI MEI superius expressum,* » et en 1248, un autre Hugues (Hugues X) reconfirme les dons de son bisaïeul (*PROA VI MEI*). Il en résulte incontestablement que le Hugues IX de 1218 est le *petit-fils* du Hugues VIII de 1171. — Cette généalogie ressort également d'un autre acte du cartulaire de l'Absie (Arch. hist. du Poitou, 1895, t. 25, p. 132 constatant une donation faite en 1169 à l'abbaye

---

1 Fonds latin, n° 18,380.

de l'Absie par Geoffroy I" de Lusignan 2° fils de Hugues VIII, pour le salut de son frère aîné Hugues, décédé le 16 avril 1169. Cet acte commence ainsi : « *Cum humana vita sit labilis et transitoria*, etc. » Et « ensuite : ...*quod ego Gaufridus de Liziqniaco, pro sa-*
« *lute animae mae fratrique mei Hugonis atque parentum*
« *meorum dedi... Hoc factum est apud Liziniacum pri-*
« *mo die post sepulturam Hugonis fratris mei laudante*
« *et concedente Burgundia matris mea. Anno Domini*
« *MCLXVIIII (1169) XVIII Kal. April.* » (Bourgogne (de Rancon) était la femme de Hugues VIII). — Hugues IX, petit-fils de Hugues VIII, devint définitivement comte de la Marche en 1199. C'est la véritable date, d'après les chroniqueurs Bernard Itier et Albéric de Troisfontaines. Il s'empara en effet du comté à la mort de Richard Cœur-de-Lion.

— Les principales, familles sorties de la souche 1re des Lusignans, sont celles des comtes de Pembrocke et d'Eu, des seigneurs de Vouvant, de Saint-Gelais, de Lezay, de Couhé, de Lestang, des Marais, de Beauregard, et les Lusignans, rois de Chypre (*v. le P. Anselme*, T. 3, p. 75 — *Beauchet-Filleau*, Dre des familles de l'ancien Poitou — *l'abbé Cousseau*, Mém. hist. sur l'église de N.-D. de Lusignan et ses fondateurs, Poitiers, 1845'.

Le nom des Lusignans du Poitou et de la Marche en France s'est également perpétué par des alliances et des substitutions. « Quant à la famille royale
« des Princes de Chypre, nul des personnages qui
« ont eu l'audace de se parer de leur nom en
« France et en Italie, dit M. de Mas-Latrie, ne

« pourrait justifier ses prétentions par un acte sé-
« rieux. Ils n'oseraient produire leurs actes de nais-
« sance. La seule maison dans laquelle paraisse
« s'être conservé avec quelque raison le droit de
« porter le nom des Lusignans de Chypre se trouve
« en Orient. C'est une famille aujourd'hui bien
« déchue, nommée Roux, ou Le Roux, dispersée
« entre Constantinople et Smyrne, et dont la grand'-
« mère ou l'aïeule commune portait le nom de Lusi-
« gnan. » (Voy. les documents publiés dans *The
Constantinople Messenger* du 16 nov. 1830. (Cte de Mas-
Latrie, de l'Institut, Trésor de chronologie, 1889,
in-folio, p. 1630).[1]

---

[1] Nous trouvons cependant, au nom de *Calfa*, dans la *Grande Encyclopédie*, en cours de publication (1898), plusieurs *Princes* de Lusignan, actuellement vivants, signalés par M. J. Oppert, membre de l'Institut, savoir :

Calfa, aussi dit *Nar-bey Lusignan* (le Prince Guy ou Gouidon de), littérateur, polyglotte, et orientaliste, né à Constantinople le 2 mars 1831. Son grand-père Amaury-Joseph de Lusignan, pacha, connu sous le nom de Yousouf, alla en Égypte où, ami de Mourad-Bey, chef des Mameloucks, il prit le parti des Français lors de l'expédition de Bonaparte, et fut assassiné en même temps que Kléber, le 11 juin 1800. Son père, George Yousouf, prit le nom de *Calfa* ou *Khalifa*. Le Prince Guy commença ses études à Venise et les compléta ensuite à Paris. Nommé Préfet des études au collège Moorat, il contribua considérablement à développer l'essor que prit alors cet établissement, fondé par le bienfaiteur Arménien dont il porte le nom. M. Calfa fonda l'école Arménienne en 1856. Les publications du Prince Guy sont nombreuses : histoire universelle, guides de conversation, dictionnaires, diverses traductions d'auteurs français en arménien.

Calfa (Djivan-Corène), *Prince* de Lusignan, archevêque de l'Église Arménienne, frère du précédent, né à Constantinople, le 1er mai 1835. Il fit ses premières études à Paris, où il suivit les cours de l'Université. Il traduisit en Arménien les *Méditations* et les *Harmonies* de Lamartine, et composa plusieurs romances et chants nationaux de l'Arménie. Après avoir embrassé la carrière ecclésiastique et de retour à Constantinople, le Prince Corène, fut nommé Président du Conseil religieux central des Arméniens. Il administre le diocèse de Bechiktache, faubourg de Constantinople, dont il en est l'Archevêque. Il a été délégué pour remplir plusieurs missions charitables auprès des Cours de l'Europe en faveur des Arméniens. Il est l'auteur de nombreux ouvrages historiques et littéraires, sermons, oraisons funèbres et discours parlementaires.

— En 1880, une famille domiciliée à Milan revendiqua pour elle seule le titre de Prince de Lusignan et le contesta à M. Calfa. Elle ne put pourtant convaincre les juges du tribunal de la Seine de la légitimité de ses titres; par contre, le tribunal ne se croyait pas assez éclairé pour se prononcer sur la généalogie que M. Calfa produisit dans sa demande reconventionnelle. Néanmoins l'almanach de Gotha de 1889 admit cette famille de Lusignan et ses représentants sur la liste des familles ayant jadis régné, des documents officiels russes et ottomans leur ayant accordé le titre de *Prince de Lusignan* — (J. Oppert)

Depuis 1889, les éditions successives de l'almanach de Gotha jusqu'en 1898 n'ont pas reproduit cette généalogie.

www.ingramcontent.com/pod-product-compliance
Lightning Source LLC
LaVergne TN
LVHW050613090426
835512LV00008B/1476